ICT を活用した Fy の学びの姿
学習活動

ＴＯＦＹ

　附属横浜中学校の特色ある教育活動の一つに「総合的な学習の時間」における探究的学習活動「TOFY」（＝ Time of Fuzoku Yokohama）があります。教科学習の取組、学校生活や日常生活全体の中で関心をもったことを基に、生徒が個人でテーマを設定し、探究のプロセスである「課題の設定、情報の収集、整理・分析、まとめ・表現」を通して調査、実験、創作等を重ね、その中で考察を深め、新たな提言へとつなげていく活動です。

　TOFY 活動は、自ら掲げた研究課題に対して、各教科で働かせてきた「見方・考え方」や身に付けてきた汎用的なスキルを、自在に駆使したり統合したりして徹底的に追究していく活動であり、それらを実社会やこれからの人生に活用させていく上での「練習の場」となっています。（P. 94～）

国語

　活動事例として、スピーチを録画して客観的に振り返ったり、文章をデジタル化して構成や言葉を吟味して、思考の過程を可視化したりすることが挙げられます。

　そのような活動を通して、自分の「言葉による見方・考え方」を客観的に見つめ直したり、相手により伝わりやすい構成・展開、言葉を日常的に考えたりする習慣を付けることが期待できます。（P. 26～）

社会

　活用事例として、関連動画を視聴するだけでなく、RESAS などのビックデータから有用な資料を収集したり、チャットやファイル共有機能を活用して自分の考えをまとめ、発信したりすることなどが挙げられます。

　自ら収集した資料から読み取った情報を基に、他者との対話から既習事項等を有機的に関連付けて、考察し表現する活動を通して、社会的事象について主体的に調べ分かろうとしたり、課題を意欲的に解決しようとしたりする態度を育成することが期待できます。（P. 36～）

数学

　活用事例として、表やグラフを用いて情報を整理したり、図形を動的に変化させてその図形の特徴や性質を観察したりすることなどが挙げられます。

　そのような活動を通して、自らの操作によって主体的に分析を深めたり、他者と多様な考えを即時的に共有して働かせた数学的な見方・考え方を自覚したりすることが期待できます。(P. 44〜)

理科

　実験の様子を動画や写真で記録し、考察をする際に見返してより厳密に分析したり、レポートにおいて現象の説明に活用したりしています。また、条件を変えて学級全体で一つの実験を行い、班ごとに導きだした数値を集計する際にも活用しています。

　探究の過程を文字だけではなく、映像で見返すことができることによって、実験における改善点を見いだしやすくなり、粘り強い取組及び学習の調整につながっていくと考えます。(P. 54〜)

音楽

　歌唱や演奏を録音・録画したものを視聴することで、表現の工夫を深めたり、技能の習得過程を確認したり、創作した音楽の表現を工夫したり、記譜をせず作品として記録したりすることができます。

　すぐに消えてしまう音を、学習履歴として蓄積することができたり、自分の演奏を客観視して振り返り仲間と共有することで改善につなげることができたりと、主体的・協働的に学びを深めていくことにつながっていくと考えます。(P. 62〜)

美術

　美術科においての ICT の活用は、発想や構想、鑑賞の場面や、作品やその制作過程を保存し、クラウドにアップロードして共有することなどが考えられます。しかし、美術科では実物を見たり、実際に対象に触れたりするなど、感覚で直接感じ取れる学習活動も大切であり、題材のねらいに応じて ICT を活用していくことが重要であると考えます。(P. 66〜)

保健体育

　動画や写真を撮影して動きを再現し共有を図ることで、自分やチームの動きをいつでも確認することができ、理想や見本となる動きと比較することで、課題を見つけ、次の活動（練習方法の工夫など）へつなげることができます。また、過去の学びの履歴（記録や動き）を確認し、今の自分と比べることで自らの成長や変容に気付くことができます。（P. 70〜）

技術・家庭

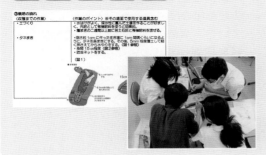

　活用事例として、技術分野では計画表に写真等を入れながらデジタルで作成して共有したり、家庭分野では考えたことを個人や班でスライドにまとめて発表して共有したりすることなどが挙げられます。
　そのような活動を通して、生徒の思考の過程や結果を可視化したり、大勢の考えを瞬時に共有したりすることができます。（P. 76〜）

英語

　活用事例として、チャット機能を用いて実践的なメッセージのやり取りをしたり、発表活動の録音・録画を行ったりすることなどが挙げられます。
　そのような活動を通して、自分自身の表現を磨いていくことが期待されます。自分自身のパフォーマンスを記録として残し、一つ一つを見比べながら振り返り、「よりよい表現とは何か」を考える機会をつくることができます。（P. 84〜）

道徳

　活用事例として、チャット機能を活用して意見を交流したり、質問したりすることなどが挙げられます。
　そのような活動を通して、話して伝え合うよりも多くの意見に触れて物事を広い視野から多面的・多角的に考えることができます。また、やり取りの履歴が残るため、他者からもらったコメントを見返して自己の生き方について考えを深めたりすることが期待できます。（P. 98〜）

生徒会本部の活動

生徒会本部の活動について

　選挙において選出された本部役員6名（会長、副会長2名、書記2名、会計）が、週に1度定例活動を行い、学校生活において改善したい点などについて議論をしたり、評議会や生徒総会などの運営を行ったりしている。

活動の具体

①生徒会本部の定例活動

　定例活動で話し合う内容や評議会を実施した後の反省などを Teams 内に投稿していき、事前に各自がその日の議題や内容を把握して話合いを始めることで、活動の効率化につなげる。

旧生徒会本部役員から、新役員への引継ぎもスムーズに。

②評議会

　各学級、委員会の代表が月ごとの活動の反省や改善点を話し合う。以前は紙の資料を用いていたが、PowerPoint のスライド1枚にまとめ、資料とした。

ペーパーレス化はもちろんのこと、資料回収のために生徒会本部役員が走り回る手間と担当教員が資料を印刷する手間が省略された。

③生徒総会

　年に1度、学校生活のことについて全校生徒が集まって話し合う。報告する委員長や部長が、報告事項を要約してまとめた PowerPoint をステージ上に投影し、報告を行っている。

手元の資料ではなく、前方のスライドを見て話を聞く。全員が顔を上げて、積極的に話合いに参加している。

学級活動

学級活動について

　クラスによって委員会・係が決まったら紹介用のポスターの作成を行い、教室に掲示している。また、席替えや行事の際にはアンケートを実施し、リーダーの投票を行っている。

活動の具体

①掲示物の作成

　生徒たちが PowerPoint を活用して委員会・係紹介のポスターを作成し、教室に掲示した。ポスターに載せるメンバーの写真は、各自 TPC で撮影した。

> 文字サイズの変更などの修正が簡単。データはメンバーが変わっても再利用可能。

②クラス内アンケートの実施

　Forms を活用し、班長決めや行事で行ったフォトコンテストの投票を行った。

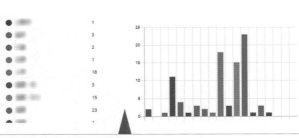

> 生徒の回答結果が瞬時に集計され、結果をすぐに確認できる。回答方法は選択肢だけでなく記述式も選べるので、理由などの回答も可能。

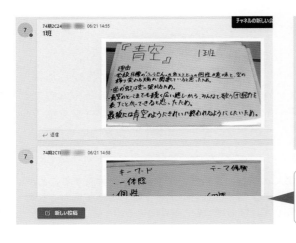

③情報の共有

　学級目標や行事のスローガン案を考える際、班で話し合ったことをホワイトボードに記入し、それを撮影したものを投稿してもらい、クラス全体で情報の共有を行った。

> 手元で写真を確認できるので、全員が細かく情報を共有できる。「返信」の機能を使えば、質問や意見の交流も可能。

行事での活動について

　本校では、体育祭の中でカラーごとのダンス演技がある。ダンスについては、３年生のダンスリーダーを中心に構成を考え、全学年で協力して演技を完成させていく。

活動の具体

①情報の共有～ダンス動画～

　生徒たちが自らの TPC でダンス練習に活用できる動画を撮影し、学年を超えて共有する。情報の共有は、Teams でカラーごとのチームを作成し、その中で行った。

リーダーがダンス解説ビデオを作成。ダンスが苦手な生徒も自分の TPC から繰り返し動きの確認ができた。

全体の動きも動画で撮影し、カラー全体で共有。リーダー以外の生徒も全体の動きやダンスのイメージを共有することができる。

②情報の共有～演技図～

　PowerPoint でリーダーが作成したダンスのフォーメーション図をチーム内で共有。クラスによっては、データを廊下のプリンターで印刷し、教室内にも掲示。

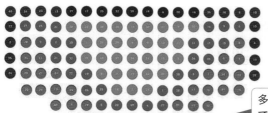

多くの情報を短時間で学年を超えて共有することができる。演技図などのデータは、年度を超えても修正して再び活用することができる。

委員会活動について

　本校では、全部で10の委員会が活動している。各委員会は月１回、３学年全てのメンバーが集まり、活動の反省や次の月に向けた活動の検討などを行っている。各委員会で活動の内容に合わせて ICT 機器を活用しているが、今回はその一例として環境委員会の取組について紹介する。

活動の具体

①活動の反省や改善点の共有

　Teams にアップロードされた PowerPoint のデータに各クラスの活動反省を入力する。入力されたデータは定例委員会の中で共有する。

オンライン上のデータなので同時編集が可能。入力用のデータは事前に配信しクラスごとに入力してもらうことで、定例委員会の活動時間短縮につながった。

	1A	1B	1C
Myゴミ袋チェック	ホワイトボードに告知した。→朝の時間の短縮になった。Myゴミ袋を忘れる人が減った。	週3回きちんと忘れずにMyゴミ袋チェックを行うことができた。	毎週3回仕事を分担しながら行えた。また、myゴミ袋を家に忘れる人、ロッカー等に忘れ手元にない人、同着ともだんだん減ってきている。今後は全員が手元に持っているように声をかけたい。また、渡した封筒の使いまわしもなくしたい。
水やり	今月は当番がまわってこなかった。	計画を立てて行うことができた。	みんなで分担してできた。水の量も調節した（枯れない程度に。）
その他	保健委員会のハンカチティッシュチェックと被ってしまい、遅くなってしまうときが多々あった。	クラス内で、食べ物に関わるごみが出てしまい、問題になった。	週ごとに男女の日数を変えて、バランスよく仕事を行った。

保存されたデータは、年間の振り返りや次年度以降の活動でも活用することができる。

②定例委員会での活用

　議題について委員会の中でグループごとに話し合った内容は、その場で共有のファイルに入力する。入力された意見は、スクリーンに投影し、全体の話合いの場で共有する。

出た意見を板書することなく共有できるので、話合いを効率よく進めることができる。

部活動

部活動について

　本校の部活動は、平日は週に 3 日、土日は原則どちらか 1 日を活動日としている。今回は部活動において ICT がどのように活用されているか、野球部を例に紹介する。

活動の具体

①連絡事項・月の活動予定の共有

　練習に関する連絡事項や月の活動予定表は、顧問が野球部のチームに投稿し共有している。投稿した内容について質問があれば、「返信」の機能を活用し、チーム全体でも共有する。

Teams を活用して連絡を行うことは、年度初めに生徒・保護者へ伝達している。必要に応じて、個人が持っているスマートフォンにアプリを DL し、スマートフォンから連絡事項を閲覧することも可能としているため、保護者も連絡内容を確認できる。

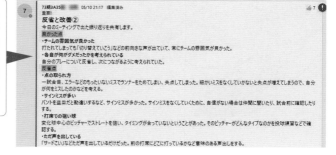

②練習での活用

　生徒同士で試合に向け意識する内容を投稿したり、試合後の反省点を投稿し共有したりしている。また、コロナ禍の室内練習では、Word で自らが決めたテーマについてレポートを作成し、フォルダに保存して情報の共有を行った。

チームの課題や技術の向上に役立つ情報が各自の TPC からいつでも確認可能。作成した資料等は、次年度の活動でも活用することができる。

GIGA
スクール
を実現する

資質・能力の育成を支える
これからのICT活用事例集

横浜国立大学教育学部附属横浜中学校 編

Ｇ学事出版

はじめに

1．本校のICT環境について

　本校の生徒たちの机の上には、教科書や筆記用具と一緒にタブレットパソコン（以下、TPC）が置かれています。休み時間に体操着に着替えて体育館に向かう生徒、理科や音楽、美術、技術・家庭科の特別教室に向かう生徒が、皆TPCを抱えて歩いています。授業中は、それらを全員が開いている時もあれば、全てが閉じられている時もあります。また、何人かは閉じているけれども何人かは開いている時、グループごとに1台ずつ開いている時など、いろいろな景色が見られます。

　本校は、2011年度から2年間、総務省による「フューチャースクール推進事業」と、文部科学省が進めていた「学びのイノベーション事業」に中学校のモデル校として参画し、教師と生徒が一人一台ずつのTPCを活用できるようにすることの教育効果を実証する研究に携わってきました。この事業に参画できたことで、クラウドサービスを安定的に活用できるインターネット環境の整備、これらの環境と端末のメンテンナンスを担う保守業者との契約と連携、TPCを活用する具体的なスキルや情報モラルの育成などについて生徒と教師を総合的に支援するICT支援員の配置が一気に進みました。

　2017年度の1年生から順次TPCを個人所有とし、2019年度からは全校生徒がこれを家庭に持ち帰ることのできるBYOD方式に切り替えました。現在は、教師も生徒も、これを標準環境として日々の教育活動、学習活動に取り組んでいます。一人一台の端末を運用できる人的・物的な環境が整い、BYODを実現できたことで学校はどのように変わったのでしょう。

2．COVID-19がもたらした変化の中で

　新型コロナV対応で臨時休校を余儀なくされた2020年4月、本校では、先ず、テレビ会議アプリケーションを用いて毎朝の学活と生徒全員の教育相談をオンラインで行いました。次に、教科等ごとの学習課題を整えて全校生徒に配送し、各自のペースでこれに取り組むように通知するとともに、生徒たちが作成したワークシートやレポートをクラウド上のワークスペースに提出し、教師がこれにフィードバックをするオンデマンドの学習支援を実施しました。さらに、これが軌道に乗ったことを踏まえ、オンライン・ライブの授業にもチャレンジしました。事前の課題設定と発問を共有した上でブレイクアウトの機能を活用したグループワークも実施し、日頃から取り組まれている問題解決の場面を大切にした授業の工夫が織り込まれていました。1年後の現在、再び訪れた緊急事態宣言下においては、全ての学年、教科等でオンライン・ライブとオンデマンドを組み合わせた学級指導と学習指導を展開しています。

　物理的に離れていても、教師と生徒、生徒と生徒、教師と教師が情報レベルでつながり、クラウド環境を生かした課題のやり取りや相互のフィードバック、オンライン・ライブのコミュニケーションを自在に組み合わせて展開できることのありがたさを痛感しています。

３．BYOD 環境が学校にもたらす変化

　生徒と教師が所有する TPC は、オフラインの状態でも便利なツールとして機能します。文書作成や表計算、プレゼンテーション、写真、動画などのアプリケーションは、教育活動のあらゆる場面で生徒の試行錯誤と多様な表現を支えています。数学、理科、社会などの授業で数値データを処理して瞬時にグラフ化したり、体育や音楽の授業で自らの動きや演奏を動画撮影してその場で確認したりできる利便性は TPC なくしては実現し得ない高い教育効果を生み出しています。

　そして、こうした教育効果は、TPC をインターネット端末としてオンラインで活用することで、さらに飛躍的な広がりを見せます。

　本校では「〇分間時間をとるので〇〇について調べてみてください」、「〇〇について〇日までにアンケートに回答してください」、「〇〇フォルダに〇〇ワークシートを提出しておいてください」といったやり取りが日常的に見聞きされます。

　生徒は様々な学習活動において WEB 上の情報を選択的に活用する経験を積み重ねています。また、例えば、国語の時間に友達が書いたテキストに感想やアドバイスを投稿したり、友達からのコメントを基に自分の考えを練り直したりする活動、美術で描いたアイデアスケッチを学級の垣根を超えて鑑賞し、そこから感じ取ったことや考えたことを基に自らの表現を修正する活動など、教科等の特質に応じた協働的な営みを、教師の工夫次第で授業時間内に実施することも、授業時間外に実施することもできるようになっています。

　教師が単元や題材を開発して展開する日々の授業において、指導と評価の一体化を図り、生徒の主体的・対話的で深い学びを実現しようとする時、BYOD 環境は、そのための心強い前提となっているのです。

　また、TPC の活用スキルに関しては、興味深い現象が起こっています。それは、生徒と教師のスキルの水準が逆転することがあるということです。教師は、各教科等や分掌ごとに各々が蓄積してきたスキルを駆使して生徒に関わります。一方、生徒は、関わった教師たちから提供されるスキルをそれぞれ学び取っているため、２年生、３年生と学年が進行するにつれて、自ずと生徒の経験値が幅を広げ、いつしか、個々の教師のそれを超えていくこともあるのです。本校の教師たちは、新たな教育環境がもたらす変化の中で、このように生徒と横並びで競り合う関係を楽しんでいるようにも見えます。

４．本書の発刊に寄せて

　本書は、上述した教育活動についての具体的な実践の事実を、各教科等の学習指導を中心に、学校行事や生徒会活動も含めた幅広い視点からご紹介するものです。

　国が進める GIGA スクール構想の下で、全国津々浦々の学校に一人一台端末環境が整備されていく今、時代要請に応じた教育活動の改善を図ろうとされる際に、是非とも参考にしていただけますれば幸いに存じます。

横浜国立大学教育学部附属横浜中学校 校長　松 原 雅 俊

※ BYOD（Bring Your Own Device）。個人所有の情報端末を職場や学校に持ち込み、ネットワークに接続して利用すること

GIGA スクールを実現する
資質・能力の育成を支える これからの ICT 活用事例集

Contents

第**2**部　各教科の実践事例

第1部

本校の特色ある
教育活動支える ICT

本校の ICT 環境の概要

　本校では、横浜国立大学と連携して生徒一人一台の TPC 環境を構築し、学校教育に必要な ICT を活用した研究活動や授業実践を推進してきた。現在、全生徒が BYOD による Windows をベースとした TPC を所有し、学習の道具として生徒が学校でも自宅でも常に活用できる環境にある。TPC の機種は学校が選定しており、現在は、自宅でも活用できるようにすべてセルラーモデルを選択している。また、すべての生徒にMicrosoft Office365のアカウントを付与し、Word、Excel、PowerPoint などのソフトがすぐに使える状態である。そして、すべての普通教室には電子黒板（IWB）と教師用 PC、実物投影機が設置してあり、日常的に ICT 機器を活用できる環境が整っている。

　本書籍で何度も登場する Microsoft Teams とは、端的に言えばチャットや Web 会議ができるツールで、チームのメンバーと情報のやりとりができること（教師から生徒、生徒間での連絡に活用）はもちろんのこと、SharePoint のように、データを共有できたり、OneNote とリンクして共同作業ができたり、課題の提示・配付、提出ができたりするアプリケーションである（詳細は各事例を参照）。また、Microsoft Forms というアプリケーション（アンケートやクイズを作成し、回答結果を簡単に集計することができる）を使って、教師が授業評価のアンケートを実施したり、生徒が TOFY の活動におけるアンケート作成を行ったりすることもある。

　コロナ禍において一気に進んだ GIGA スクール構想だが、生徒が使用する端末や OS は自治体によって様々である。本校では Microsoft 社のアプリケーションを使用し実践を積み上げてきたが、他の OS やアプリケーションにも似た機能があるので、自治体や学校で本書籍の実践が幅広くお役に立てれば幸いです。

資質・能力の育成を支える ICT 活用について

1．GIGA スクール構想と令和の日本型学校教育

　2020年、新型コロナウイルスの感染拡大という予見困難な大きな危機を迎え、私たちは生活の在り方そのものを見直すことに迫られた。臨時休校が行われる中、学びを保障する手段としての遠隔・オンライン教育が注目され、学校教育においても大きな変化を求められた。そして、GIGA スクール構想によって、我が国の ICT 環境は急速に整備が進められた。これからの学校教育には、これまでの実践と ICT の活用を適切に組み合わせていくことで、様々な課題を解決し、教育の質を向上させることが期待されていると言えるだろう。

　そんな中、令和 3 年 1 月の「『令和の日本型学校教育』の構築を目指して〜全ての子供たちの可能性を引き出す、個別最適な学びと、協働的な学びの実現〜（答申）」によって、新しい時代を見据えた学校教育の姿が示された。GIGA スクール構想では、特別な支援を必要とする子供を含め、多用な子供たちを誰一人取り残すことなく、「個別最適な学び」が実現できるよう、資質・能力を一層確実に育成できる ICT 環境を整備することが求められている。つまり、全ての子供に基礎的・基本的な知識・技能を習得させ、思考力・判断力・表現力等や、自ら学習を調整しながら粘り強く学習に取り組む態度等を育成するために、「指導の個別化」を実現したり、生徒一人一人に応じた学習活動や学習課題に取り組む機会を提供し、学習が最適となるよう生徒自身が調整する「学習の個性化」を実現したりと、生徒が ICT を活用しながらそれらを実現できるよう、「個に応じた指導」を充実させることがこれからの学校教育に求められていると言える。また、「個に応じた指導」を充実させた結果、孤立した学びに陥らないように、「協働的な学び」を充実させていくことも大切である。そのためにも、言語活動の充実や、主体的・対話的で深い学びの実現に向けた授業改善が不可欠となってくる。したがって、これからの授業づくりに当たっては、「個に応じた指導」に加え、協働的に学習を進める機会を設けながら、「個別最適な学び」と「協働的な学び」を一体的に捉え、生徒自身が学習の充実を図っていけるように取り組んでいかなければならない。

　そして、令和の時代における学校の「スタンダード」として、生徒が筆記具やノートを扱うように、一人一台端末が学習用具の一つとして当たり前になってくる。この ICT 環境の整備と活用は手段であり目的ではない。また、全ての学習において ICT を活用することが求められているわけでもない。これまでの教育実践の蓄積と、これからの ICT 活用の「ベストミックス」を図っていくことが大切になってくる。

　したがって本書では、本校が学校研究として大切にしてきた「主体的・対話的で深い学び」の実現に向けた授業改善の視点に立った授業実践に加え、その中でいかに効果的・効率的に ICT 機器や一人一台端末が活用されているかの「ベストミックス」に注目していただきたい。

２．学校研究と ICT 活用の実践について

　2021年の新しい学習指導要領の実施に向け、本校は「新しい時代に必要となる資質・能力の育成への試み」を主題として、2015年より学校研究を進め、そして、2020年からは新たに「これからの『学校』のあるべき姿を追究する」を主題として、学校研究を進めている。そんな中、本校では、2017年4月の入学生徒からBYODによる取組が本格的に始まった。BYODやICTの活用については、学校の研究活動との連携を図り、学習方法の開発・実践を行ってきた。そして、一つの教科の授業実践だけにとどまらず、その成果をもとに各教科、教科間、行事や体験学習、部活動や委員会をはじめとした生徒会活動など、学校教育や学びをつなぐカリキュラム・マネジメントの在り方も追究してきた。

　先述の「令和の日本型学校教育」の中で、Society5.0時代の到来に向けて、AIやビッグデータ、IoTといった技術が発展した時代に対応できる資質・能力の育成が求められるということが述べられている。特に、それらの資質・能力を育成するために、学校や教師は訪れる変化に背を向けるのではなく、変化を前向きに受け止めていくことが大切であるとされている。本校では、学校として時代の変化に対応して求められる資質・能力を育成していくために、

　　・「主体的・対話的で深い学び」の視点に立った授業改善
　　・資質・能力の高まりを支える学習評価

など、学校研究を軸にしながらも、ICTについて「理論と実践の往還」についての情報共有を図り、ICT活用の指導力の向上にチームで取り組んできた。本書は2018～2020年度の3年間のICT活用の事例をまとめたものになる。

３．本書を効果的に活用するために

　本書は授業での一人一台端末やICT活用事例だけでなく、部活動や生徒会活動なども含めて43の事例が載っている。そのため、先生方の担当教科や興味のある内容から読み始めてみたり、それぞれの学校のICT環境に応じて、実践できそうな事例を参考にしたりと、どのページからも読めるような作りとなっている。また、掲載されている実践は、どれもICT活用の初心者でも実践できるものが中心となっている。

　主に授業での活用事例のページは次のように構成されている。

　　①学年・教科・単元（題材）名
　　②単元（題材）について
　　③活用する TPC の機能・ソフトウェア・コンテンツなど
　　④本単元（題材・本時）の展開
　　⑤授業の実際
　　⑥さらなる活用に向けて

　本書の一番の特徴は資質・能力を育成する授業とICT活用の「ベストミックス」の実現を目指したところにある。活用している場面だけでなく、単元や題材のまとまりの中で、どのような位置付けでICTが活用されているのかに注目していただけると、先生方のICT活用における指導力だけでなく、授業改善にも寄与できるのではないかと考えている。

４．資質・能力の育成を支える本校のICT環境について

　本校は横浜国立大学と連携して、学校教育に必要なICTを利活用した研究活動や授業実践を先駆けて推進してきた。従前より普通教室には、大型スクリーンとプロジェクター、教師用PC、IWB（電子黒板）、実物投影機が設置してあり、教師も生徒も日常的にICT機器を活用できる環境が既に整備されていたが、2017年度より一人一台のTPCによるBYODを導入し、各々が自ら端末を駆使しながら、個別最適な学び、協働的な学びが実現できるよう一層の整備を図ってきた。また、ICT環境の維持や管理については、株式会社JMCの支援を定期的に受け、生徒や教職員への日常的な支援としてICT支援員が常駐していることも、本校のICT推進に大きく貢献している。

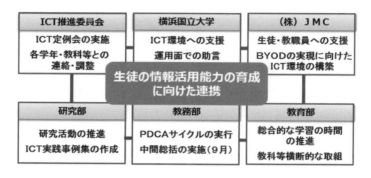

（1）ICT職員研修

　職員のICT研修は、２つの観点で行っている。１つは、着任した職員へのレクチャーを兼ねたもの、もう１つは、授業での活用とともに、研究テーマにも関連付けた活用を視野に入れたものである。今年度は、生徒の学習の見通し、蓄積、振り返りへのICT活用や、ICTを活用した協働的な学びに向けた研修を進めるために、職員にアンケート（Forms）をとり、その中からすぐに活用できるものや、研究に活用できるものなどをピックアップし、ICT支援員とJMCの担当者による研修を行った。また、研修の際には、生徒が使用しているツールに教師役と生徒役に分かれて、指導者の視点だけでなく、学習者の視点に立った時の活用効果も認知することで、授業や学習での最適な活用方法を見いだす機会としている。また、研修以外では、新たな取組をしている教師やICT支援員からの提案なども行っている。

（2）BYODへの取組

　本校では、2017年度から一人一台のTPCによるBYODを導入し、生徒自らがTPCを駆使し、個別最適な学び、協働的な学びが実現できる授業はもちろんのこと、多くの場面でTPCを活用している。また、学習ツールの一つとしてTPCを自由に持ち帰れることで、教科の課題提出や総合的な学習の時間（TOFY）での調査、レポート作成等で生徒自身が学習の幅を広げることもできている。学習では、Teamsを活用し、学級、教科、委員会、部活など、生徒が活動するグループを作成し、チャット機能などを活用して効率よく取り組んでいる。教師は授業で課題の提示や配付を行い、それらを提出させたり、学習ノートやポートフォリオ、学習内容の確認や振り返りなど、教科の特性にも合わせて活用させたりしている。また、委員会活動では活動提案や報

告、行事では学級はもちろんのこと、学年を超えた連絡や情報共有をできる場として、生徒自らが教員と相談して活用を進めている。部活動では連絡を取るツールとしてだけの活用から、練習方法を動画で提供し自主練習に役立てている部活動もある。なおTPCの使用については、指導部を中心にルール作りを行い、生徒への提示をしている。生徒は、それに合わせて活動を行いながらさらに快適に使いやすく、学習に活用できるよう生徒会からさらに詳しいルールの提示を率先して行っている。BYODは、学習の場だけでなく、生徒のモラルの育成や、快適なBYODの活用など、教師から生徒へ活用方法を提示して「与える」だけに留まらず、生徒自らが活用する際に、学習で得た方法を駆使してさらに幅を広げることができることで情報活用能力育成の礎になっている。

（3）ICT教育のサポート

　本校のICT推進に欠かせないのが、ICT支援員と株式会社JMCの存在である。

　JMCは職員、生徒のICT環境の整備・保守を行っていただくだけでなく、月1回のICT定例会では生徒のTPC破損修繕の報告やICT環境の改善、推進などの助言を受けている。また、本校のICT教育の活動をまとめ、実践事例として発信も行っている。

　本校のICT支援員は、常駐1名と総合的な学習の時間のある曜日に対応するための非常勤1名、合計2名で対応をしている。ICT支援員は、主に生徒のTPCの活用サポートや、教師の授業活用での相談にも随時対応してくれるので、ICT支援員の常駐は学校としてとても心強い。具体的には以下のような場面でサポートを受けている。

- ・1年生が初めてTPCを使用する際のレクチャー
- ・授業を巡回して、授業中に困っている生徒への声掛けとサポート
- ・教師が授業で使うICTについての相談と授業時のサポート
- ・故障や破損などの対応や修繕が必要と判断した場合は、JMCへの連絡と代替機の貸出
- ・長期休暇中のTPCの困りごとへのチャット対応
- ・Microsoft Teamsのチームの管理と生徒の活用状況の確認

（4）生徒の活用によるスキル向上

　本校の長期休暇中にはICTの課題もある。これは、3年間を通して生徒のタイピングスキル、情報収集・整理のスキル向上を目指していくものである。この課題の提示、集約もICT支援員によって行われ、職員へのフィードバックと、タイピングスキル結果を保護者へ提示している。また、保護者にも協力していただき、情報収集・整理、プレゼンの感想をFormsで提出してもらうことも行っている。1年時と3年時とを比較すると、タイピング数の向上は顕著に表れている。これは、日頃の学習で活用している成果でもある。また、プレゼンや学習のアウトプットでのICT活用スキルも、学年が上がるにつれて強化されている。

2021 附属横浜中学　タイピング結果遷移

（ベネッセタイピング　https://manabi-gakushu.benesse.ne.jp/gakushu/typing/nihongonyuryoku.html　ローマ字5分）

	1年次夏			1年次冬			2年次夏			2年次冬			3年次夏		
	入力文字数	正タイプ数	誤タイプ数	入力文字数	正タイプ数	誤タイプ数	入力文字数	正タイプ数	誤タイプ数	入力文字数	正タイプ数	誤タイプ数	入力文字数	正タイプ数	誤タイプ数
3年生	302	510	70	366	609	61	457	773	84	499	849	86	570	965	100
2年生	294	492	75	390	659	67	554	837	95						
1年生	334	566	69												

5．BYOD を実現したルール作り

　BYOD 促進のため教師側から TPC 使用のルールを制定したが、それに伴い検索エンジンが限定されるなど生徒にとっては不便を感じる部分も出てきた。そこで、生徒会本部役員が中心となり、生徒自身の手でルール（下図）を作ることとなった。元のルールを再整理する形で新しいルールを制定し、生徒総会で可決された。

TOFY（総合学習）で必要なレポートを検索したり、探究の結果をPowerPointでまとめたりするために、もっと自由にTPCを使えるようにしたい！

自分たち（生徒）にとって都合の良いルールではなく、誰もが安心できるルールを！
自分たちの手でルールを守り、自由に使える環境を自分たちでつくろう！

Formsを活用して、全校生徒にアンケート
①これまで見たことがあるルール違反の使用方法
②現行のルールで削除しても構わないと考えられる項目とその理由
③現行のルールに加えた方が良いと考えられるルールとその理由

1．TPC は学習用端末であることから、学校での利活用はもちろん、家庭での使用においても、学校で確認された使用方法を守る。
2．登下校中や学校生活等において、TPC の持ち運びには細心の注意を払い大切に扱う。
3．授業中はもちろん、TPC を使用する際は担当の先生の指示に従う。特に授業中に授業に関係のない TPC の使用については厳禁とする。
4．学校から指定されたもの（パスワードやユーザー名等）は全て変更しない。背景やロック画面はもともと Windows に入っているもの以外設定してはいけない。
5．検索ブラウザーは「Edge」、検索エンジンは「bing」に限定する。
6．学習と関係のないサイトにはアクセスしない。
7．ゲームやアプリ、ソフトをダウンロードしない。必要に応じてアプリやソフトをダウンロードする際は、学校と保護者の許可を得る。
8．原則、他人の TPC を使用しない。また、共有ファイルにある他人のデータを、勝手に操作しない。
9．困ったことかあったら自分だけで判断せず、学校の先生や支援員さん、保護者の方に相談をする。
10．きまりを守らなかったり、指導に従わなかったりした場合には、保護者の方に連絡をして、家庭でもご指導いただく。
11．各クラスの PC 保管庫の開錠時間は、原則、朝学活終了時から帰学活終了後（目安として、6校時日課の場合8時45分頃～15時55分頃）とする。
12．学校の保管庫で充電するときは、充電コードと TPC 本体がしっかり接続されていることを確認する。家に持ち帰る場合も同様。授業中に充電をすることが無いようにする。また、WindowsUpdate を確認する。
13．破損を防ぐため TPC は落ちない位置に置き、不安定な場所に置かない。また、保護カバーやケースをつける。（TPC は精密機械であるため、多少の衝撃でも正常に作動しなくなってしまうことがあります。）
14．移動中の安全確保のため、登下校中は TPC を使用しない。
15．Teams のチームを勝手に作らない。作りたい場合は先生と相談し、先生もチームに入れること。

６．ICT を活用した不登校生徒支援の取組

（１）本校の不登校生徒支援の状況

　近年、様々な理由から学校に登校することができない生徒は増加傾向にある。また、新型コロナウイルスに対する不安から登校を控えるということも増えている。こうした状況下においても一人一人の学習を止めないため、また関係作りを大切にしていけるように、ICT 機器の積極的な活用を行ってきた。本校では担任を中心に、主に Microsoft Teams を活用しながら不登校の生徒と継続的にコンタクトを取るようにしている。

（２）活用する TPC の機能・ソフトウェア・コンテンツなど

Microsoft Teams
　　ビデオ会議やチャット等の機能を使用して、授業のライブ配信を行ったり、連絡に使用したりする。
OneNote
　　ワークシートの配信に使用する。

（３）取組の具体

①授業のライブ配信

　教室に TPC やタブレットを設置し、ビデオ会議機能を使用して主に黒板やスクリーンを映しながら、生徒が自宅からでも授業に参加できるようにしている（図１）。この方法は様々な事情で学校に来られていない生徒に限らず、新型コロナウイルスに対する不安などから学校に来られない生徒に対しても授業を提供することができる。しかし、教室に TPC が設置されることによって、「登校できていない状態でも、授業に参加している」という事実を他の生徒に知られることに抵抗を感じ、ライブ授業への参加に難色を示す場合もある。そのため、事前に本人及び保護者に対して、どのような状態で映像の配信を行っているのかという状況の説明を行うようにしている。

　本校では、ワークシートを紙ではなく PowerPoint や Word の形式でデータ配信している教科もあるため、その場合には登校できていない生徒に対して、OneNote を使用してワークシートを配付することも可能である。また、不登校の生徒が音声のミュートを解除して国語の音読に参加したり、話合い活動に参加できたりした例もある。また、理科の実験などでは、教員が TPC を動かさずとも、グループの仲間が TPC の配置を実験が見えやすいように変えるなど、まわりの生徒も TPC を通して授業に参加することに対して理解を示している様子なども見られる。

②行事やテストなどの連絡

　行事やテストなどの連絡を Teams のチャット機能を活用して行っている（図２）。電話連絡では再生不可の音声のみでしか伝えることができないが、チャットを活用することによって、行事のプログラムやテストの範囲表などを視覚的に、またあとからでも確認できる文字で送ることができる。

　個人情報に関わる資料等は当然ながら PDF で送るというわけにはいかないが、学校説明会等の進路に関わるお知らせも、テキストのみで連絡をするよりも、視覚でとらえやすい情報にして

提供することで、前向きに進路に向けた動きを促すことが期待できる。

図1：ライブ授業を実施している様子。白色の枠
　　　で囲った TPC で会議機能を使用して授業
　　　を配信している。

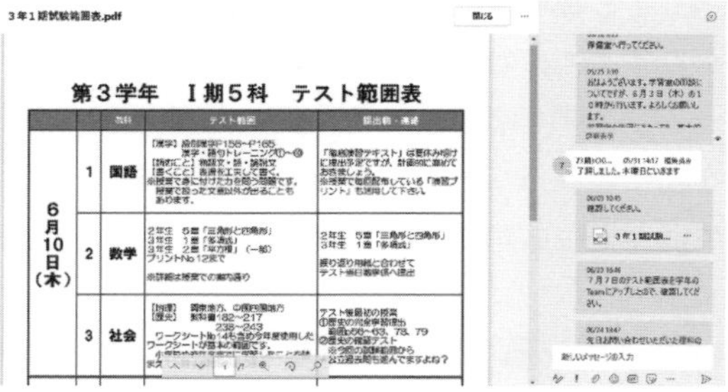

図2：生徒とのチャットの画面。
　　　テストの範囲表を PDF で送信した。

（4）さらなる活用に向けて

①デジタルポートフォリオの活用

　様々な理由で登校できない生徒が授業に参加できる一つの方法として、オンラインでの授業配信はとても有効であると考えられる。OneNote によるワークシートの配信を組み合わせることで、家庭と教室との物理的な距離をより縮めることができる。さらなる方策として、デジタルで学習の記録を蓄積することが考えられる。具体的には OneNote などを活用して、ワークシートや自分たちが記述したホワイトボードの写真等を蓄積していくことである。学習の記録をデジタルで残すことを基本にすることで、教室で授業を受けている生徒も家庭で授業を受けている生徒も同じ条件で学習の記録をすることになり、意見交換や情報共有がよりスムーズになる。また、これはどの生徒にとってもデバイスさえあれば学校に限らず、家庭や図書館などでも、すぐに自らの学習の記録を振り返ることができるようになる点で有効である。ただし、決して紙に書く活動が不要なわけではなく、思考した事柄を直接的に身体で表現する（手を動かして紙に筆記する）という場面も大切にしたい。これからも、授業者の狙いをオンラインにフィットさせた形で授業を工夫していきたい。

②オンライン授業に対する思考の転換

　オンラインでの授業参加ができるようになると、「学校に来なくてもよい」という考えから、ますます学校に来ない生徒が増えるのではないかということを懸念する人もいるかもしれない。①で述べたようなワークシートの配信までするとなれば、なおさらである。しかし、やはり学校は直接体験でしか味わえない感覚や感動を得られる場所でもある。オンラインで知識を得たり、思考したりすることはできても、理科の実験や体育で体を動かすことなどはできにくい。実験で薬品から刺激臭を感じ「危険だ」と察知する感覚、どのようにイメージして体を動かせば思った通りにボールが飛んでくれるのかなどの感覚は、直接体験でしか得ることができない。これまでの取組から、恒常的に不登校の生徒がオンライン授業に参加すること自体が、「やっぱり学校に行って直接感じたい」という生徒たちの登校刺激につながるよう、学校という場の教育力をチームとして高める必要性をより強く感じることとなった。

休校期間中の取組み

１．学校全体としての取組

Teams の投稿機能を活用した朝学活

　投稿機能を活用し、朝学活が開始する時間に合わせて、学年の教師が学年のチームにメッセージを送るようにした。伝える内容は、課題についての連絡や休校中の過ごし方についてなど、生徒の状況に合わせて学年ごとに検討した。生徒には、内容を確認したら指定された時間までに必ず確認のサイン（サムズアップ）を送るよう伝え、教師側からの一方的なメッセージの送信に終わらず、規則正しく生活するためのきっかけづくりにもなった。また、長時間サムズアップが付かない生徒については、家庭に電話連絡をするなど、生活指導にも役立たせることができた。学校に登校していない期間でも、教師たちと情報のやり取りが多くできたことは、安心感につながったと述べている生徒もいた。この機能は、現在でも、授業連絡や学年全体に関わる確認事項の連絡などに活用されている。

Teams のビデオ通話を活用したオンライン面談

　クラスごとにビデオ通話を活用したオンライン面談を行った。面談が滞りなく開始できるよう、生徒には、指定された時間に Teams のチャット画面を開いておき、教師側から連絡が来るのを待つよう指示をした。ビデオ通話ということもあり、生徒の状況を画面越しに見ながら面談できたことで、対面で行う場合と同様に、丁寧に生徒の様子を確認することができた。家庭によっては、通信環境の影響で、うまくつながらないという問い合わせもあったのだが、ICT 支援員の協力も得ながら対応できた。

２．教科としての取組

（2020年３月から始まった休校期間中の実践）

１年　英語科

　１年生は基本的なパソコンの操作を確認できていない中であったため、できることが限られた。その中で英語科としては、休校課題を活用して反転学習を行った。学習においては、休校期間に各家庭に配付されたプリントと Teams を活用した。自宅で教科書を読み、プリントに載せた内容理解のための質問に答える。さらにその上で Teams 上にアップロードされた教科書本文の音声を聞きながら、発音を意識して音読練習を行う。登校が始まってから、改めてオンライン授業の中で学習してきた表現や発音について復習し、それを活用して「相手により深く知ってもらえる自己紹介スピーチをしよう」という学習課題へ繋げた。

　また、３年生では自宅で音読した音声を録音し、何度も練習する中で一番よいと思う音声ファイルを課題として提出するという実践もあり、学年に応じてできることが増えると感じた。

2年 理科

2年理科では、休校期間中に気象の分野の学習を行った。

導入ではFormsを活用して「なぜ天気予報があるのだろうか」という質問に対して、各自の考えを記述させた。集計結果から「天気予報があることによって、服装を考えたり、農作業など仕事の方法が変わったりする」という答えが導き出された。次に「テレビやスマホがなかった時代にはどのように天気を予測していたのか」という問いとともに各地に伝わる天気にまつわる諺を紹介した。出席番号で4人ずつのグループをつくり、諺A〜Dについてそれぞれ調べさせ、なぜそのような諺が生まれたのかをPowerPointにまとめさせた。

展開では各グループで20分ずつ発表を行った。参加者はA〜Dまでそれぞれの諺について1人の持ち時間は3分で発表を行った。また、自分が調べていない諺については他の人の発表を聞き、疑問があればその場で質問をした。

加えてTeamsはアプリ版ではビデオ通話がスムーズにつながるが、ブラウザ版だとうまくつながらなかったり、PowerPointの表示ができなかったりというトラブルもあったため、補習を行った。これを機に学年の生徒全員がTeamsのアプリ版をTPCにダウンロードした。授業の内容そのものよりも、Teamsによる学習活動の環境整備に一役買う形となった。

> 他にもたくさんの天気にまつわる諺（ことわざ）があります！
> A：西の方の鐘がよく聞こえるときは晴れ
> B：くしが通りにくい時は雨
> C：ツバメが低く飛ぶと雨
> D：飛行機雲が立つ時は雨が近い

（2021年9月のオンライン授業の実践）

3年 道徳

対面で行う道徳の授業では、大まかに次のような流れが一例として考えられる。

「題材に関連する発問→題材を教師が範読する→主発問→グループワークで意見を共有する→全体で意見を共有する→振り返り」

オンラインで行う際には通常授業と異なり、授業時間が短縮されていたり、グループワークを行う際に会議を新たに作り直すなどの準備が必要だったりする。そのため、事前に題材を各自読んでおくこととし、授業を進めた。話合いを行う際は、クラスのチーム内に作成してある10のチャネルに4人ずつ分かれて、代表者に会議を開かせてグループワークを進めさせた。道徳だけではなく、各教科のオンライン授業でチャネルの会議機能を生かしたグループワークを行っているため、生徒は大きな混乱もなくグループワークを行うことができた。さらに、各班でタイムキーパーを決めて、授業のまとめのために元の会議場所に戻ってくる時間についても生徒自身の手でコントロールできるようになった。

授業後には、授業の振り返りをTeamsの課題機能で提出させた。この取組もオンライン授業の期間中は全ての教科で行った。午前中はオンラインで授業を受け、午後は各授業で出された課題に取り組むというサイクルをつくり、生徒が規則正しいリズムで生活を送ることができるようにした。

オンライン授業では、対面授業と比べて生徒との対話（コール＆レスポンス）がスムーズにいかない場面も多い。道徳では、自分の考えを発表する機会もあり、もどかしさを感じることもあるが、各自の意見をチャットに書き込ませるなどの工夫をすることによって、対面授業に近い反応が見られるようになったと感じる。

第2部

各教科の
実践事例

1年 国語

根拠を明確にし、伝えたいことの中心が明らかになるように、工夫して書く単元

1．単元について

　本校の総合的な学習の時間「TOFY」では、1年前期に2年次以降の学習で必要な情報スキルを習得する学習を行う。その中には「レポートの作成」も含まれ、その際「カレーライス」をテーマにした簡単なレポートの作成を経験する。そこで本単元では、前期に総合的な学習の時間で学んだことを生かしながら、言葉について気になったことから課題を設定してレポートを書く活動を行った。レポートを書く活動を通して、構成を考え、調べたことを根拠として自分の考えが相手に伝わるような文章を書く力の育成を図った。

　レポートを書くときに大切なことは、適切な情報を収集し、その情報を根拠に自分の考えを伝えることである。適切な情報を収集する場面では、辞書や書籍で調べるとともに、TPCを用いて情報を収集した。レポートの作成もTPCを活用して図やグラフを効果的に用いて行い、他者と共有する際には作成したレポートをPDF化し、そのファイルを共有した。

2．活用するTPCの機能・ソフトウェア・コンテンツなど

Microsoft Word

　レポートの作成に使用した。Wordを使用することで、言葉の修正や構成の変更など、文章の改善が容易にできる。また、図や表、画像の貼り付けや文字の色、フォントの変更などにより、他者が見やすいようにレポートを作成することも容易となる。書いた文章の改善のしやすさや見やすいレポートの作成のしやすさは、他者意識をもったレポートの作成へとつながる。

Microsoft Teams

　交流はTeamsでファイルを共有して行った。自分のクラスの「チーム」の「ファイル」にPDF化したレポートファイルをアップロードする。アップロードされた画像ファイルを自分のTPCで共有する。画像ファイルで共有することにより、カラフルなレポートを見ることができるとともに、自分のペースで他者のレポートを見て交流することができる。

3．本単元の展開

時数	おもな学習活動	ICT活用
1〜3	・気になる言葉について調べる課題を班で一つ決め、書籍やインターネットから情報を集める。 ・集めた材料を整理し、レポートの構成を考える。	TPC インターネットを活用し、情報を集め、付箋に書く。−①
4〜5	・Wordを用いてレポートを書く。	Word 構成に沿ってレポートを書く。−②・③

6	・TPC を用いて画像ファイルで他者のレポートを見て、気付いたことを交流し合う。	Teams PDF のファイルをアップロードし、TPC で他者のレポートを見て交流する。－④

4．授業の実際

　情報の収集から、レポートの作成や他者との交流まで、単元を通して TPC を活用した。情報を収集する場面では、書籍で情報を集めることと並行して行ったため、情報の正確さについても考えることができていた。また、手書きでレポートを作成する場合は「何を」「どこに」「どのように」書くのかをある程度決めてから書かなくてはならないが、Word を用いる場合は、まず書いてみるということが可能になり、失敗を恐れず試行錯誤しながら修正や改善を繰り返して作成することができる。また、簡単なアンケートを行い、グラフを作成して貼り付けたり、文化庁の調査から得られたグラフを貼り付けたりして、視覚的にも分かりやすく説得力のあるレポートも見られた。他者との交流では、レポートを回覧したり印刷したりしたものを見るのではなく、個々の TPC でレポートの交流を行った。自分のペースで他者の作品を見ることができるため、それぞれの作品を比較したり、見たいところを拡大させたりしながら、じっくりと見て気付きを交流することができていた。

①インターネットで情報を集めている様子

② Word を用いてレポートを作成する様子

③生徒が作成したレポートの一部

④ TPC を用いてレポートの交流をしている様子

5．さらなる活用に向けて

　本単元では、修正・改善のしやすさや図や表の挿入のしやすさなどから、相手意識をもった見やすいレポート作成を心がけるなど、意欲的に取り組む生徒の姿が多く見られた。一方で、見やすさを意識するあまり内容が薄くなってしまったり、情報収集のしやすさからインターネットの情報に頼り過ぎてしまったりする姿も見られた。今後は生徒の意欲を大切にし、情報の質を確かめながら情報を集めるなど、学びの深まりにつなげられるように ICT を活用していきたい。

1年 国語

字形を整え、文字の大きさ、配列などについて理解して、楷書で書く単元

1．単元について

　中学校に入って初めての書写の単元である。小学校で学習してきた点画の書き方や筆順、字形の整え方、配列など、文字を整えて書くためのポイントを再確認して、自分の字（楷書）をより読みやすく整った文字にしていくことを単元の目標とした。

　文字を書くことは、自分のため、そして、それを読む相手のために行う行為である。1時では、姿勢や用具の正しい持ち方、楷書の基本点画の筆遣いを確認し、自分の書きやすさにつなげられるようにした。2時では、お手本（紙・映像）を見て字形や配列を確認し、相手が読みやすい文字を書くための意識付けを行った。3時では、お手本と自分が書いた文字を比較し、赤ペンで自己批正させて、自分の課題と目標を意識させながら書かせた。4時には、自己批正したものと清書を比較して振り返らせ、今後の生活にどのように生かせるかを考えさせた。

2．活用するTPCの機能・ソフトウェア・コンテンツなど

IWB

　全体で筆遣いの確認をする際にIWBを使用して、お手本映像を流した。

実物投影機

　自己批正したものを共有する際に、作品を実物投影機で映し出し、説明させた。

TPC（カメラ）

　お手本映像を各自のTPCにダウンロードさせ、個人で見られるようにした。また、作品を写真で撮り、自己の成長を可視化できるようにした。

3．本単元の展開

時数	おもな学習活動	ICT活用
1	・楷書の基本点画の書き方を確認する。 ・全体で手本の筆遣いを確認し、半紙に印刷された基本点画のなぞり書きを行う。	IWB お手本映像の提示・説明
2	・「大志」のポイントを確認する。 ・骨書きされたものをなぞり書きする。 ・お手本やTPCにダウンロードした筆遣いの映像を見ながら「大志」を書く。	IWB お手本映像の提示・説明 TPC　※事前にダウンロード お手本映像の確認－①
3	・前時に書いたものを赤ペンで自己批正する。 ・4人班でアドバイスし合う。→全体共有する。 ・自己批正やアドバイスを参考に「大志」を書く。	TPC　※事前にダウンロード お手本映像の確認－② 実物投影機

4	・自己批正したものと前時に書いた清書を TPC で撮影し、ワークシートに貼り付ける。 ・二枚を比較して、振り返りを行う。 ・残りの時間で硬筆（楷書に調和する仮名）	TPC カメラで撮影－③ Word でワークシートを完成させる－④

４．授業の実際

　書写の授業では、実物投影機を使って一斉にお手本を見せる方法がよくとられる。しかし、それだと、自分が見たいところをじっくり見たり、何度も繰り返し見直したりすることができない。今回は全体で共有するときのみにとどまらず、お手本映像を個々の TPC にダウンロードさせ、自分のタイミングで映像を見ながら文字を書かせた。右手に筆を持ちながら、左手で TPC を操作し、動画の再生・一時停止をくり返しながら、筆遣いを真似して書く様子が多く見られた。また、動画で筆遣いの確認が出来るので、机間指導をしながら余裕を持って個別にアドバイスをすることが出来た。自己批正したものと清書を写真で撮り、ワークシートに貼り付けたことは、比較がしやすく振り返りの際に役立っていた。しかし、真上から撮ることに苦戦している生徒が多かった。多少手間が増えても、こちらで全員分スキャンして取り込み、貼り付けさせても良かったかもしれない。

①ダウンロードした映像を見ながら書く様子

②自己批正したものとお手本映像を見ながら書く様子

③書いた作品をカメラで撮影する様子

④生徒が提出したワークシート例

５．さらなる活用に向けて

　自分の作品を撮影し、Word で作ったワークシートに貼り付けることは、本単元で初めての試みだったので、苦労した生徒が多かった。しかし、２回目以降は生徒も慣れてきており、順調に進んでいった。作品を真上から真っ直ぐに撮ることだけではなく、写真の縮尺の仕方なども並行して指導する必要性がある。また、筆遣いのお手本を確認するだけではなく、自分の筆遣いを撮影してもらい、お手本映像と比較するのも良いかもしれない。

２年 国語

読み手からの助言を踏まえて文章を書く単元

１．単元について

　本校の２学年では10月に農村体験学習を行っている。体験では、お米や野菜の収穫をしたり、収穫した果物からジャムを作ったり、作物を育てるところから消費者の手に届くまでの過程を見させていただいたりと、普段の生活では味わうことができない貴重な時間を過ごすことができた。本校では、体験の振り返りを「文集」にまとめる形で行っている。本単元は、文集を作成することを通して、「自分の文章のよい点や改善点を見いだす」（書く力を育成する）ことを目標に授業を行った。

　文章を書く際の重要なポイントは「推敲」である。読み手の立場で文章を読み、自分の文章の誤字や脱字を見つけたり、意図に応じて表現や言葉を選んだりと、書き手自身が自分の文章を推敲することが大事である。さらに本単元では、生徒が文章を読み合い、互いの助言などを通して改善していく活動も行った。その学習の過程で TPC を活用した。

２．活用する TPC の機能・ソフトウェア・コンテンツなど

Microsoft Word（「原稿用紙設定」と「コメント機能」の活用実践）

　文章の作成は Word を使用した。Word の原稿用紙設定を用いることで、手書きの文集の原稿用紙と同じ条件で書くことができる。Word を使用する利点は、書いている文章の量が分かりやすいだけでなく、文章の改善が簡単にできるところにある。また、改善の前後を簡単に比較できることも利点である。さらに本単元では、互いに読み合った際の気付きを、コメント機能を用いて残した。具体的に、どこが気になったのか、どうして気になったのか、どのように改善するとよいのか、というように、今までの助言をし合う活動と比べると、助言がより具体的に伝えられるようになった。

３．本単元の展開

時数	おもな学習活動	ICT 活用
1	・しおりなどを見ながら農村体験学習を想起し、書く題材を決める。	
2	・Word を用いて原稿用紙１枚分の文章を書く。 ・テーマや文章の意図が伝わるものかどうか見直す。	Word 原稿用紙設定を用いて、文集を書く。－①
3～4	・互いの文章を読み合い、気付いたことや助言等をコメント機能を使って書く。 ・もらった助言等を検討し、文章を改善し、印刷する。 ・印刷した文章を見ながら原稿用紙に手書きで清書する。	Word 互いの文章のよいところや改善点をコメント機能を使って書く。－②・③

4．授業の実際

　1年時から文章作成は TPC を使っているので、文字の入力についてスムーズに行うことができた。また、あとどのくらい文章（文字数）を書くことができるのか、見通しを持ちやすいと実感している様子があった。さらに、推敲や改善についても、手書きだと最初から書き直すことが必要になるが、TPC を用いると気軽に書き直せるので、文章の内容や言葉選び、表現や叙述の工夫に多くの時間を使うことができてよいという感想もあった。

　コメント機能の活用では、もらったコメントについて考えたことを、さらに自分のコメントとして書き加えることができるので、推敲での思考の過程を残すことができるという利点があった。今までは、助言を基に改善をしただけだったのが、もらったコメントを基に改善をした方がよいと思った理由や書き手の思考の過程を記録として残すことができていた。

①原稿用紙の設定で文章を書いている様子

②コメント機能を使い助言している様子

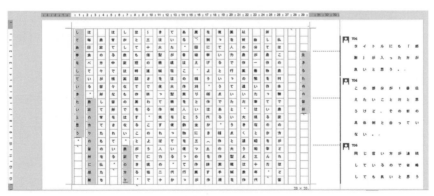
③具体的な場所を示しながら、互いの文章のよいところ・改善点をコメントしている様子

5．さらなる活用に向けて

　本単元では書く力を育成するための手段として ICT の活用を行った。推敲や改善が行われる課題では、何度も簡単に書き直すことができるので、付けたい力に対して有効的に使えると感じた。また、コメント機能を使うことで、改善するまでのプロセスが見取りやすいという点でもよいと感じた。生徒が主体的に学習に取り組んでいたり、よりよい文章になるように粘り強く推敲したりしている過程を見取ることができるので、教師側の評価という点でも有効的な ICT の活用の仕方であったと感じる。今後も、資質・能力を育成するための手段として、どのようなICT 機器を用いると有効的か、評価の観点と合わせて検討しながら実践していきたい。

2年 国語

自分の考えが明確になるように話の構成を工夫する単元
～相手意識をもって、ビブリオバトルに挑戦！～

1．単元について

　本単元は、本の魅力を相手に説明したり、それを聞いて質問したりする「ビブリオバトル」という言語活動を通し、「自分の考えが明確になるように、根拠の適切さや論理の展開などに注意して、話の構成を工夫すること」を目標に授業を構想した。『学習指導要領』において、第2学年では、自分の考えが明確になるように根拠の適切さや論理の展開などに注意することに重点が置かれている。自分の言いたいことだけを好き勝手に述べるのではなく、異なる立場や考えをもつ聞き手のことを意識した上で、話す事柄の順序や言葉の選択、根拠の適切さなどを考えることが話の構成を工夫することにつながっていく。本単元では、情報を収集する、話の内容を構成する、目の前の相手に話すといったそれぞれの段階において、聞き手を意識した活動となるようにICTを活用しながら授業を行った。

2．活用するTPCの機能・ソフトウェア・コンテンツなど

TPCカメラ（撮影・保存・再生機能）

　音声言語は一過性だが、TPCのカメラを活用し記録として残すことで、すぐに活動を振り返ったり、その後も繰り返し確認したりすることが可能となる。また、記録した内容を他者と共有することもできる。本単元では、自分自身の発表を撮影し、映像を見直して構成を再検討する際に使用した。

Microsoft Teams

　振り返りの際、Teamsのファイルに代表者の発表をアップロードさせ、各自のTPCでその動画を見ながら自分の発表と比較させることで構成の工夫点を分析できるようにした。

Microsoft Forms

　グループの代表者8名の中からクラス代表を選ぶことに使用した。投票をする際には、選出理由も合わせて記述させた。そして、投票結果をExcelデータに変換し、全体で共有することにも活用した。集計や変換が容易にできるため、大幅な時間の短縮となった。

3．本単元の展開

時数	おもな学習活動	ICT活用
1～2	・学習の見通しをもつ。 ・ビブリオバトルの映像を見て、よさを分析し、相手を引きつける話し方について考える。 ・夏休みの課題でまとめたワークシートの情報を基に、聞き手の反応を予想しながら話の構成を考え、構成シートに記入する。	

3〜4	・プレゼンテーションの練習をする。 ・隣同士で発表し合い、発表分析シートを用いて、相互評価した後、構成の再検討や練習を行う。 ・5人班でビブリオバトルを行い、グループの中でチャンプ本を決める。	TPCカメラ 自身の発表の様子の撮影・活動の確認−①
5	・各グループの代表8名によるビブリオバトルを行い、クラス代表を決定する。	Forms 代表者の選出と理由記入
6	・各クラスのチャンプによるプレゼンを映像で見ながら、単元の振り返りを行う。 【振り返りの視点】 ・相手を引きつけるためにはどのようなことが大切なのか（チャンプから学ぶ）。 ・自分はどのような工夫、改善を行ったのか。	Teams 代表者の映像の共有−②

４．授業の実際

　人前でスピーチやプレゼンを行う際には、聞き手の反応を見ながら臨機応変に対応していくことが大切になってくる。しかし、行き当たりばったりでは臨機応変な対応はできない。そのため本単元では、話の構成を組み立てるだけではなく、自分の話に対して聞き手がどのような反応をするのかということを想定させ、それに対応するように構想シートを作成させた。また、撮影した自分の発表を確認することによって、聞き手として客観的に自分の話の内容や構成を再検討できた。想定しているつもりでも不十分だった点を整理し、新たな気付きや対応を構想シートに加筆・修正する姿が多く見られた。

　単元の振り返りでは、各クラスの代表者の映像をTeamsで共有し、構成のよさや聞き手を引きつける工夫を分析する時間を設定した。導入部分を比較して分析したり、気になるところを何度も繰り返し視聴したりして、今後の学校生活での話す機会に生かそうとする姿が見られた。また、ICTを活用することで、他クラスの代表者の発表を視聴できるということもよい刺激になったようである。

①自分の話す姿を見て構想シートに加筆・修正する様子

②代表者の映像と自分の映像を比較し、振り返りをする様子

５．さらなる活用に向けて

　ICTを活用することで、音声言語を記録・再生することができる。それを活用し、自分の話す姿を客観的に見ながら繰り返し確認できることや、クラスを越えた交流を行うことができることは生徒の学びにとても有効だと感じた。しかし、全てをICTに頼るのではなく、実際に相手と向き合った活動も大切にしたバランスの取れた授業を考えなければならない。また、国語の授業で学んだことを実生活に生かせるという実感をもったり、将来の社会生活においても活用できる力であるということを意識したりできる授業をこれからも実践していきたい。

3年国語
文章を読んで考えを広げたり深めたりして、自分の生き方について考えをもつ単元

1．単元について

　本単元は、詩歌や小説などを読み、批評したり、考えたことなどを伝え合ったりする言語活動を通して、「文章を読んで考えを広げたり深めたりして、人間、社会、自然などについて、自分の意見をもつこと」を目標に授業を構想した。2年生までには、小説などに書かれたことについて自分の知識や経験などと結び付けて考えを伝え合うことを行ってきたが、3年生の読むこと（エ）では、「人間、社会、自然」など、生徒の身近なところから少し距離がある話題について考えをもつことが求められている。また、言語活動においても、文章を主観的に読み味わい伝え合うことから、客観的、分析的に読み深めたり、批評したりすることを通して、資質・能力を育むことが求められ、段階が上がっている。この単元では、言語活動を通して資質・能力を育成することを実現させるために、「握手」、「批評の言葉をためる」（光村図書3年）の二つの文章を扱って授業を行った。

2．活用するTPCの機能・ソフトウェア・コンテンツなど

Microsoft Word

　文章を読んで各自が考えたことを文章でまとめる際に使用した。また、交流後に再考し、まとめた文章に赤字で加筆したり、取り消し線を用いて記述を削除したりさせ、交流の前後における考えの変容が見取れるように工夫した。

Microsoft Teams

　コロナ禍を考慮して交流はTeamsで行った。オンライン上でのやり取りとなったが、互いに書き込み合うだけの一方向ではなく、互いにメンションして中身に踏み込んだ具体的なやり取りをすることで、オンライン上における双方向性のやり取りが実現できるように促した。

3．本単元の展開

時数	おもな学習活動	ICT活用
1～2	・単元の見通しをもつ。 ・『握手』『批評の言葉をためる』を読み、学習課題について自分の考えを書く。 【学習課題】 　ルロイ修道士の生き方について触れながら、自分の生き方について考えたことを書く ・Teamsに各自の考えを投稿する。	Word 自分の考えを記述する。 Teams 各自の考えを投稿し、共有する。

3〜4	・投稿された文章を互いに読み合い、メンションして気付きをコメントし合う。 ・もらったコメントを読み返し、お互いの疑問などが解決するまで、粘り強く交流する。	Teams 文章を読んで気付いたことなどをコメントする。－① メンションして、文章の解釈や考えについて交流する。－②
5	・交流後、学習課題について再度考え、考えをまとめる。 ・本単元の振り返りをする。	Word 文章に赤字で加筆し、消す時は取り消し線を使うように促す。－③

4. 授業の実際

①他者の考えを読んでコメントしている様子

②メンションしてコメントし、互いの考えを深めようとしている様子

③交流後に加筆・修正を加えたワークシート

　互いのコメントを通して考えを深めていくことに生徒たちは苦労していたが、自分の疑問や考えがコメントで正確に伝わるように、言葉を選んだり表現を工夫したりと、慎重に伝え合っている様子が見られた。

　「読む力」を育成する単元であったが、既習の「書く力」を意識しながら活動できており、指導事項の往還が見られた。授業では、その様子を取り上げ、生徒に返すことで次の学びに向かう一助とした。

5. さらなる活用に向けて

　本単元では、対面での交流や密を避けるためにTeamsでの交流を行ったが、コメントを送り合うだけでは一方向での発信に終止してしまい、考えが深まらない様子が一時見受けられた。互いにメンションし、さらに疑問や意見などを粘り強く伝え合うことを意識させることで、オンライン上で双方向性のある交流が実現できた。今後も手段としてのICT活用を考え、資質・能力の育成を目指していきたい。

1年 社会科

歴史上の人物で強いのは？

1．単元について

　本単元は中世から近世にかけた学習をする上で導入の授業であり、小学校で学習した4人の人物（源頼朝・足利義満・織田信長・豊臣秀吉）を多面的に考察して発表する。

　これまでも地理的分野において、事実・データを基に主張するための「論拠」を構築していくことを「トゥールミンモデル」の示し方を中心に丁寧に学習してきた。特に地理的分野では統計資料や官公庁のデータなどを根拠に意見をまとめ、位置や空間的な広がりなどの見方・考え方を働かせながら主張することができる場面が増えてきた。一方、歴史的分野では、近現代史になるとデータなども多いが、それ以前の時代では事実・史料を基に推移や差異などの見方・考え方を働かすことができると考える。

　今回の単元では、生徒全員が歴史上の人物を比較した意見がもてるよう、小学校で学習した人物を「強い順に並べ替える」という抽象的な課題を設定した。その後、「足利義満」が一番強いというある調査結果を提示することで、「何をもって強い」と言われているのかということを調査するため、教科書や資料集だけでなく、TPCを用いた調べ学習を行った。

2．活用するTPCの機能・ソフトウェア・コンテンツなど

IWB
　本時の流れやTPC利用の目的・ルールの確認のため、IWBを使用

Microsoft Powerpoint
　発表のためのスライドを作成

3．本単元の展開

時数	おもな学習活動	ICT活用
1	・4人の人物について、小学校の既習事項を確認する。 ・教師とともに学習課題を設定する。 ・課題「なぜ、足利義満が一番強いと考えられているのだろうか」に対し、足利義満ともう一人の人物について調査活動を始める。	IWB 資料提示・生徒の意見の共有
2～3	・教科書と資料集を使って事実をまとめ、中間報告を行う。 ・小グループ内で相互評価を行ったことを踏まえ、各自スライドづくりを始める。	TPC（PowerPoint） 発表用のスライド作成 －①・②
4	・小グループでの発表（一人4分×2回）をする。 ・振り返り、まとめをする。	TPC（PowerPoint） 作成したスライドで発表 －③・④

4．授業の実際

　TPC を使って発表が始まると、足利義満と自分が調べた人物とを比較して「政治の面では…」「貿易では…」「朝廷の位を比較すると…」など、多面的に捉えた調査報告が多くあり、歴史的な事実を根拠に発表することができていた。

　これまでも授業で TPC を使うときには、基本的に教科書・資料集をベースに事実を押さえることから始めてきた。その後、自分なりに調査したいことについて、文献などをあたることにしている。TPC を使って調査したとしても、すぐに PowerPoint でまとめるのではなく、ワークシートにまとめたことを小グループで中間報告をして必ず相互評価を行っている。そして、中間報告などの後には、本発表に向けての見通しや発表のポイントなどを生徒と共有してきた。その積み重ねが現在の発表する姿につながっている。

①ワークシートを使用して中間報告をする様子

②中間報告を受けてスライドをつくる様子

③本発表の様子Ⅰ

④本発表の様子Ⅱ

5．さらなる活用に向けて

　今回の発表では課題を多面的に捉えることができ、多角的な視点がこれからの学習の課題だと共有することもできた。そして、歴史的分野については歴史的事象の事実をどのように比較し、根拠としていくのか難しさを感じる場面もあった。これからは中世から近世への長い見通しとなるため、本単元が単元同士をつなぐものとして適切だったのかを検証し、今後の授業構想に生かしていきたい。さらには、データや発表の様子の共有を Microsoft office などを活用して行っていくつもりである。

2年 社会科

日本の特徴を語ろう

1．単元について

　本単元では、自然環境、人口、資源・エネルギー、交通・通信、産業の五つの分野について、分布や地域などに関わる視点に着目して、我が国の国土の地域区分や区分された地域の地域的特色を多面的・多角的に考察し、表現することをねらいとしている。その実現には、教科書や地図帳を使って調べるだけでなく、資料の収集方法の適切さやデータの妥当性などについても判断できるようになる必要がある。そのためにも、官公庁のデータを積極的に読み取り、比較させる取組を重ねてきた。

　また、我が国の特色を大きく捉えさせるため、「私たちの住む日本とはどのような国なのだろうか」という単元を貫く学習課題を設定した。各分野を横断した単元構成にし、五つの分野において、より現実味を帯びた社会問題を基に学習課題を設定していくことにした。さらに、一枚式のワークシート（深化シート）を使用し、生徒の思考を可視化させることで、社会的な見方・考え方を働かせ、課題を追究したり解決したりする活動を取り入れた授業を実践することを心がけた。また、自己の主張に根拠をもたせるためにはどのような資料が必要なのか、主体的に考えさせる活動も取り入れた。これらの活動を通して、我が国の特色を多面的・多角的に考察しながら主体的に社会の形成に参画し、新たな時代を豊かに生きる態度を育むことを期待したい。

2．活用するTPCの機能・ソフトウェア・コンテンツなど

Microsoft PowerPoint

　各自が調査した分野について、根拠となる資料を提示しながらスライドを作成した。

Microsoft Stream

　作成した動画を学年やクラスにアップロード、視聴、共有できるビデオサービス。集団で視聴できるだけでなく、再生回数がカウントされたり、コメントを送ったりすることができ、学校内だけで利用することも可能である。

3．本単元の展開

時間	おもな学習活動	ICT活用
1～2	・「学習のプラン」で、本時の流れを確認する。 ・調査した資料を基に分野ごとに集まり、エキスパート学習を行う。	大型スクリーン 学習プランを提示
3～6	・担当した分野のスライドを作成する。その際、主張するために必要な資料の提示を必ず行う。 ・スライドに重ねるための音声を録音する。その際、視聴する相手を想像しながら行う。 ・完成した動画をStreamに投稿する。	PowerPoint 担当のスライドを作成－① Stream 完成した動画を共有－②・③

４．授業の実際

　これまでの授業においても PowerPoint を使用してスライドにまとめ、発表することは繰り返し実践してきた。本単元においては、班内発表などの小グループでの発表形式は取らず、作成したスライドに録音した音声を重ねた動画を作成し、投稿させることにした。

　動画の長さは３〜５分とし、限られた時間のため、どのように要点を押さえて発表するか共有した。見えない相手を想像しながら自分が調査したことを根拠に意見をまとめることに苦労していた様子もあったが、完成した動画を投稿し、実際に班員やクラスメイト、他クラスの生徒からもらったコメントを確認している表情から、作成した動画の完成度に満足している様子が伺えた。

①ヘッドセットを使っての録音

②個人の作品に対するコメントのページ

③個人の Stream のページ（録音された内容が文章でも表示される。）

５．さらなる活用に向けて

　今回は新型コロナウィルスの感染対策もあって Stream を使用したが、大切なことは ICT を活用するために授業を構成するのではなく、必要な場面で自然に ICT を活用できるようにすることなのではないかと感じている。スライドや動画を作成して発表するといった表現も大切であるが、何を根拠に自分の考えを主張しているのか、その主張をするためにどのような資料を吟味するのかなどがそれ以上に大切となる。今後も ICT を使って調査する活動を通し、資料をしっかりと吟味して考えをまとめていくことを、丁寧に指導していきたい。

3 年 社 会 科

社員募集広告をつくろう

1．単元について

　この単元は、公民的分野の経済の学習のうち、勤労の権利と義務、労働組合の意義及び労働基準法の精神について理解したり、社会生活における職業の意義と役割及び雇用と労働条件の改善について多面的・多角的に考察したりする学習の中の一つである。労働基準法の具体的な内容、現代社会における雇用や労働環境の現状及び課題を調べ、他者との交流などを通じて各自が考えたり学んだりしたことを、これからの雇用や労働条件の改善について多面的・多角的に考察しながら社員募集広告の形で表現させる。

2．活用する TPC の機能・ソフトウェア・コンテンツなど

Microsoft Teams

　チャネルを活用し、各自が作成した募集広告（画像データにしたもの）を投稿・閲覧できるようにしたり、自由にコメントができるようにしたりした。また、学習の振り返りの記述は、課題配信の機能を使って提出させた。

Microsoft Word・Microsoft PowerPoint

　各自が募集広告を作成する際や、Teams を活用して投稿やコメントをする際に使用した。

3．本単元の展開

時数	おもな学習活動	ICT 活用
1～3	・映像資料や実際の募集広告サイトを見て、問題意識をもつ。 ・各自の TPC で労働に関することを調べたり、調べたことを発表し合ったりする。	大型スクリーン 教師が提示する映像資料やサイトの共有－① TPC 情報収集や発表活動
4～5	・前時までの学習を基にしながら、各自で Word または PowerPoint を使って、募集広告を作成する。 ・できたものを画像データに変換し、Teams に投稿する。	TPC Word または PowerPoint で広告を作成し、Teams へ投稿する。－②
6	・各自で作成した広告を閲覧しながら、教師が指示した視点に沿ってコメントのやり取りを行い、配信課題である学習のまとめや振り返りに取り組む。	TPC Teams の投稿を閲覧し、コメントを記入。－③・④

4．授業の実際

　題材の導入の際、実際の募集広告を大型スクリーンで見ていた生徒たちは、おおよその印象のみで「給与が低い」、「ブラック（企業）そう」などと発言していた。そこで、労働基準法の具体的な内容を、教科書と資料集を併用しながら TPC を使って調べさせると、給与や労働時間にのみ着目するのではなく、社会保障やライフスタイルとのバランスについての視点をもち、新しい働き方とは何かを考え始める様子が見られた。次に、改めて雇用や労働環境に関するキーワードを示すと、熱心に調べる姿が見られた。その中で生徒たちは、インターネットで調べたサイトが信頼をおけるものなのか（個人のブログや知恵袋などの投稿ではないこと）や他に何を調べる必要があるかを確かめたり、相談したりしていた。さらに、調べた内容を交流する場面では、教師が指示しなくても Teams のチャネルを活用して意見を投稿し合ったり、自分のワークシートの写真を撮影し、それを投稿して共有を図ったりしていた。Word や PowerPoint の操作にも慣れているため、ほとんどの生徒が50分の授業内で 1 枚の広告を完成させ、データを画像化して投稿することができていた。生徒へは、制作物を画像データに保存し直す方法を提示したが、スクリーンショットの機能を自ら活用する生徒もいた。また、投稿に対するコメントをつける際には、他者との比較で新たな視点に気付いたり、教師からのフィードバックもすぐにもらえたりすることで、何度もコメントのやり取りをする姿が見られた。

①ワークシートを画像にして共有する様子

②TPC で広告を作成する様子

③投稿を閲覧しコメントする様子

④実際に投稿された広告とコメント

5．さらなる活用に向けて

　3 年生ともなると TPC の操作はスムーズに行えるので、こちらのイメージ通りにほぼ授業を進めていくことができた。しかし、慣れているからこそ、投稿に対するコメントを入力させると、普段の SNS でのやり取りのようにコメントを入力してしまう生徒もいた。授業での活用であることや、どのような視点のコメントが学びにつながるのかを確認し、情報モラルの指導と合わせて指導していくことが今後も大切となる。

③年 社会科

戦争を語る番組をつくろう

1．単元について

　生徒たちにとっては、第一次世界大戦や第二次世界大戦は遠い昔に起こった出来事という捉え方であるが、当時の出来事は現在とも密接に結びついている。国際社会を担っていく日本人の一人として、大戦が人類全体に惨禍を及ぼしたことを理解することで、生徒に国際協調と国際平和の実現に向けて努めることが大切であることに気付かせる。その際、ただ知識としてまとめたり、自分の考えを述べたりするだけではなく、ICTを活用して自分の言葉を残していくことで、より認識も深まると考えた。

2．活用するTPCの機能・ソフトウェア・コンテンツなど

動画作成ソフト

　これまでもPower Pointを使用してのプレゼンテーションを数多く行ってきた。そのため、生徒は必要な画像を選択したりアニメーションを活用したりすることができる。そこで、今回はムービーメーカーを使用し、単元のまとめに記した自分の考えに合った必要な画像や動画を選択し、その動画に合わせてナレーションの録音を重ねることを初めて試みた。この取組では、動画の編集技術は重要視せず、相手意識をもって自分の考えを伝えるという経験に力点をおいて学びの深まりにつなげたい。

3．本単元の展開　※「第二次世界大戦と人類への惨禍」という単元後の展開

時数	おもな学習活動	ICT活用
1	課題の提示 【あなたがたは、Fyテレビ「歴史トラベラー　ヒストリアン」のディレクターです。今回、6/6（水）に放送される特別番組をつくることになりました。番組は『太平洋戦争の記憶　～なぜ、多くの犠牲者を出すまで戦争を止めることができなかったのだろうか～』です。その前に、番組放送にあたって中学生に番組を公開することになりました。戦争を経験したことのない中学生がこの番組を通じ、二度と戦争を繰り返さない平和な世の中になることを考えられるよう番組を制作して下さい。】 各自、自分のまとめと合った画像や動画を選ぶ。	TPC（動画作成ソフト使用）

2	選択した画像や動画でムービーを作成し、相手意識を心がけたナレーションを作成する。	TPC（動画作成ソフト使用）
3	ナレーションを練習した後、録音作業	TPC（動画作成ソフト使用）
4	班内で鑑賞会及びクラス鑑賞会 振り返り・まとめ	TPC（動画作成ソフト使用）

４．授業の様子

①「第二次世界大戦と人類への惨禍」の単元を実施した後に作成した作品の展覧会を行ったときの様子

②TPC を用いてムービーを編集し、録音作業をしている様子

③教室外の場所で録音作業をしている様子

④自分のムービーを聞いて、再編集している様子

５．さらなる活用に向けて

　Power Point などを使用し、プレゼンテーションすることも大切な経験ではあるが、見えない相手にどうしたら自分の考えが伝わるのか、「自分の言葉」として表現できているかどうかを自分でも確認できていた。画像をどのように用意するのか、録音作業をどこでどのように行うのかなど、しっかりと計画していく必要があった。映像を作る上で自分の表現したいことを整理してから ICT の利活用に入ることが大切になってくる。

1年数学

比例・反比例

1．本時について

　比例・反比例のグラフをかくことで得られる情報は式や表で得られるそれとは異なり、視覚に訴える表現である。実社会においても、2つの数量の変化について触れる場面は多く、数学的に考える活動においてグラフは欠かせない存在である。生徒はこれまで、紙面上でグラフを何度もかいてきたが、定義域のないグラフは本来限りなく続くものである。さらに、反比例のグラフは座標軸と交わらないことを具体的な計算を通して理解してきている。ここで、TPCを用いて視覚的に比例，反比例のグラフの性質を観察し、考察することが本単元の学習において理解を深めるきっかけとなると考えられる。

2．活用するTPCの機能・ソフトウェア・コンテンツなど

GRAPES

　式を入力することで様々なグラフを表示させてくれるソフトウェアである。複数のグラフを重ね合わせて交点の位置を捉えるなど、視覚的に表現することのよさについて実感させながら考察できる。

Microsoft Teams

　ファイル共有機能を使って、生徒はGRAPESをダウンロードしTPCに保存する。

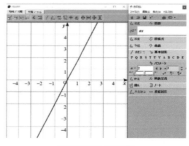

GRAPESの画面

3．本時の展開

時間	おもな学習活動	ICT活用
導入 10分	・GRAPESの動作確認をする。 ・GRAPESの使い方の確認をする。 ・課題を確認し、共有する。	TPC TeamsからGRAPESをダウンロードして自分のTPCに保存する。
展開 35分	GRAPESを用いた活動 ・授業で実際にかいたグラフと比較する。 ・反比例のグラフを拡大し、座標軸に交わっていないことを観察する。 ・比例定数を変化させ、比例定数の変化とグラフの形状の変化について考察する。 ・$y=ax$ と $y=\frac{a}{x}$ のグラフを作成し、比例定数の変化を考察する。	TPC GRAPESでこれまで授業でかいたグラフを再現し、比例定数の変化の様子を観察する。 −①〜④
まとめ 5分	・GRAPESを活用して得られたことを確認する。 ・今後のGRAPESの使い方について確認する。	

4．授業の実際

　実際の授業では、即時にグラフを表示させ視覚化することのよさを認識してもらうことを意識した。GRAPESには残像を残す機能があり、比例定数を一定量ずつ増加・減少させることでグラフの傾き方の変化や、手書きでは気が付くことのできなかった細かいグラフの変化の様子を観察していた。生徒たちは、比例定数を一定量増加させていく際、グラフがあまり変化しない様子に驚き、その特徴について記録していた。また、グラフの拡大・縮小機能を用いることで、座標軸に限りなく近づく反比例のグラフや、拡大・縮小しても形が変化しない比例のグラフを観察し、友達に声をかけながらグラフの特徴について考えを共有する姿も見られた。

　グラフのよさを紙で表現するよりも簡単に行うことができることから、様々なグラフを短時間のうちに複数作成し、重ね合わせてじっくり観察する生徒の様子が見られた。積極的にグラフに関わろうとする姿勢を促し、今後単元を追って登場するグラフについても同様に考察してもらいたい。

①グラフを重ね合わせている様子

②手書きでかいたグラフと比較する様子

③友達とグラフの変化を共有する様子

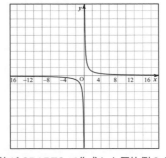

④生徒が GRAPES で作成した反比例のグラフ

5．さらなる活用に向けて

　GRAPESは簡単にグラフを作成できるが、値を細かく求めることには向かない。グラフを活用しながら事象を考察するために活用し、ソフトウェアの特性を理解して併用しながらグラフに対する考えを深めていくことを意識させる必要があると感じた。

1年 数学

データの活用

1. 単元について

　本単元では、目的に応じて資料を収集して表やグラフに整理し、代表値やちらばりなどに着目して傾向を読み取ったり、複数の資料の傾向を比べ説明したりすることができるようになることを目指す。その実現には、データを一面的に捉えて解釈するのではなく、資料の収集方法の適切さ、代表値やグラフ選択の妥当性、データ分布の形に対する着目や過度な誇張による加工の有無など、複数の要素を多面的に吟味し、よりよい解決や結論を見いだす「批判的な考察」が大切になる（『解説（数学編）』p.91）。よって、「学校図書館の利用人数を新入生に伝えよう」では、外れ値のあるデータでは平均値に頼った説明だと妥当性に欠けてしまうことや、「ライバル会社に負けないように自社商品の売りを示そう」では、他社よりも長けている部分のデータのみを抽出し誇張したプレゼンを互いにさせることで、情報の受信側と発信側の両方の立場から考えることを学習として積ませてきた。そして本頁で紹介する「自ら資料を収集し分析して発信しよう」は、本単元のまとめとなる学習課題であり、資料の収集から分析までをICTのツールを駆使しながら適切に処理し、その結果を基に提案性のある結論を導き他者へ提言するものである。資料の収集やグラフ化などを簡便に進める上でICTを効果的に活用しながら合理的に結論を導き出させ、情報と主体的に向き合える素地の育成へとつなげたい。

2. 活用するTPCの機能・ソフトウェア・コンテンツなど

Microsoft Forms

　アンケートフォームの作成及び結果の集約が容易に行えるツール。クラス全員で同時に質問文の入力を行ったり、全員が同時に回答を行ったりできる。また、結果もExcelで即時的に表やグラフに変換することが可能であり、結果の分析を行う上でも利便性が高い。

statlook

　静岡大学の桝元新一郎先生らのグループが開発したヒストグラムや箱ひげ図を作成できる統合統計ソフト。ブラウザ上ですぐ使用することが可能。

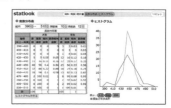

3. 本単元の展開

時数	おもな学習活動	ICT活用
1～3	・自分が明らかにしたい内容についてクラス全員（40名）を対象にアンケートを行う。	Forms アンケート質問の投稿や回答の際に使用する。－①

4〜7	・全員分の回答結果を基に分析を行い、その結果をレポートにまとめる（レポートは Word で作成）。	statlook（&Excel）回答結果のグラフ化や代表値の算出に使用する。－②
8〜9	・班内で発表を行う。－③ ・発表後の他者からのコメントを基に課題を整理し、レポートの手直しを行う。	statlook（&Excel）グラフの示し方の改善など手直しの際に使用する。

4．授業の実際

　まず、各自が調査したい内容をどのようにクラスメイトに問えばよいか、質問文の内容検討を行った。特に、単位が混在するとその後の分析の際に処理が煩雑になるため、単位を特定した聞き方についての必要性を全体で共有した。また、Forms では選択式の質問も作成できるが、詳細な値でないと分析が深められないので、直接入力による回答に統一した。

① Forms のアンケートの画面

　分析に用いる Excel データは、Teams で配信し、生徒にはそれをダウンロードして使用するように指示した。統計処理ソフトについて限定はしなかったので、Excel で昇順したり関数を用いて代表値を求めたりする生徒や、statlook を用いて即時的にヒストグラムを作成し階級の幅を変えて傾向を探る生徒、さらには statlook で作成した度数分布表の値を Excel に

②統計処理ソフトを使用した分析の様子

貼り付けて色やデザインにこだわってグラフを作成する生徒など、様々であった。

　発表は３分間とし、短時間ゆえにきちんと要点を押さえて発表するように声かけを行った。発表者は TPC を聴き手側に向け、必要な場合は画面を拡大したりしながら、自分の分析結果を説明していた。また聴き手側には「意見カード」を記入させ、発表者が手直しを行う際に参考となるような内容面に関するアドバイスを行うように促した。「男女で比較するならば、ヒストグラムよりも度数分布多角形の方が見やすいのでは」「運動部と文化部では人数が違うから、相対度数での比較をすべきだったのでは」など、これまでの学びを根拠に「批判的な考察」をしながら、個人の発表に対しコメントし合う姿が印象的であった。

③班内での発表の様子

5．さらなる活用に向けて

　単元の終末に振り返りを行った際、以下のような情報の見方、そして情報の見せ方に対する記述が多く見受けられた。ただし、生徒によっては統計処理ソフトの使用方法が身に付いたことのみに目を向けた振り返りも散見され、ICT の活用は「目的」ではなく「手段」であることを、今後も丁寧に指導していきたい。

> 情報をつくる（操作する）側と受け取る側の双方に立った経験ができたため、情報を様々な切り口から見て情報の正確さを確かめたり、自分の都合が良くなるように情報の見せ方を変えるという情報活用能力が高まったと思う。

一次関数

1．単元について

　日常や社会の事象には、関数関係として捉えられるものが数多く存在する。本単元では、「ばねののびとおもりの重さの関係」について、実験によって取り出した二つの数量を考察する。理科で行う実験では、二つの数量を一次関数（比例）とみなして処理することにとどまり、近似の正確性や数学的な意味に関して詳しく取り扱っていない。生徒が手書きで作成したグラフを見て「データの真ん中を通るような感覚で直線を引いてよいのか」という疑問が出たことから、Excelを用いて散布図や近似直線の引き方、手書きで表現したグラフの違いについて考える課題を設定した。また、最小二乗法を用いた近似直線の導出方法や決定係数（相関係数）の意味については生徒の疑問に応じて適宜取り扱う。

2．活用する TPC の機能・ソフトウェア・コンテンツなど

Microsoft Excel（散布図・近似直線の追加）

　手書きのグラフや式と比較することで、共通点や相違点に気が付くことができる。また、切片の指定や決定係数の表示ができるため、近似式を扱う際に有用であると考えられる。

Microsoft Teams

　ファイル共有の機能と課題提出の機能を備えたソフトウェアである。データを印刷することなく提出できるため、効率的な評価や授業改善に寄与する。

3．本単元の展開

時数	おもな学習活動	ICT 活用
1	・ばねののびとおもりの重さの関係の復習を行う。 ・ばねののびとおもりの重さの関係を調べるため、実験を通して測定データを収集する。 ・グラフ用紙を用いてグラフと近似式を求める。	
2	・本実験の変域を定義する。 ・身近なものの重さを推定する ・近似直線の書き方を共有し、本実験において妥当と考えられるグラフについて考察する。 ・Excelへ測定データを入力し、グラフと近似直線の式を表示する。	Excel 近似直線を引き、手書きのグラフや式と比較する。また、切片などの条件を変えて、式の変化や用途について考察する。－①・②
3	・手書きのグラフと比較する。 ・一次関数を用いることで推定できる場面探しを行う。 ・Teamsで課題の提出を行う。	Teams 提出をデータで行い、コメント機能を活用してフィードバックを行う。－③・④

4. 授業の実際

　実際のばねと10gのおもり5つを用いて【実験→測定→考察】の一連の流れを意識した課題を設定した。ばねの長さとおもりの重さの関係を一次関数とみなして直線を引く際、「自分の感覚で直線を引いたがそんなに大雑把でよいのか」という生徒の問いが生まれたため、全体で共有し話し合う活動を設定することにした。生徒の「データの最初と最後を直線で結ぶ」や「隣り合うデータの傾きの平均をとってからグラフをかく」などの発言から、生徒間で近似直線の引き方に違いを感じ、それぞれのルールに従ってグラフをかいていることが分かった。

　Excel を用いて近似直線を表示することは、紙にかくよりも正確に表現することができ、データの拡張や代入の計算など柔軟に行うことができる反面、有効数字や一次関数の切片や傾きの意味の理解に注意することが大切である。話し合い活動の中で「切片を通る」などの条件を追加している生徒もいた。また、手書きで作成したグラフと Excel で作成したグラフの違いについて友達と話し合う場面から、「正確に求められるなら、そっちのほうがいい」や「そもそも実験値はどこまで正確か」など、近似直線の扱い方について考えを深めている様子だった。

　提出課題を Teams で回収することで、データとして成果物を残すことができるメリットがある。生徒は TPC があればいつでも教師からのフィードバックを見ることができ、追記や再提出も容易に行うことができる。

①近似直線を求めている様子

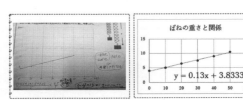

②手書きと Excel のグラフの比較

③生徒の提出した課題

④提出状況の確認

5. さらなる活用に向けて

　Excel には生徒の疑問のきっかけとなる多様な機能が存在するため、TPC を用いると興味が拡散してしまう生徒が少なからず出てくるように感じた。生徒がふとしたときに発する疑問を全体で考える機会を保障すると同時に、本単元の目標から外れないよう授業デザインの工夫が課題だと感じた。ICT を活用したからこそ得られる生徒の気付きを今後も大切にしたい。

3年 数学

中点を結んだ四角形

1．本時について

　本時は、第3学年「相似な図形」の単元に当たる。数学的な見方・考え方を働かせ、思考力、判断力、表現力等を育むために、帰納的な実験から仮説を立て、それを演繹的に検証する課題を設定した。任意の四角形 ABCD の各辺の中点を結んだ四角形 EFGH は、四角形 ABCD によらず、必ず平行四辺形となることを見いだし、その理由について根拠を示しながら説明する内容である。第2学年「三角形と四角形」の単元での学びを想起させながら、統合的に解釈することのよさを実感させることをねらいとする。

2．活用する TPC の機能・ソフトウェア・コンテンツなど

Geogebra

　幾何、代数、表計算、グラフ、統計、解析を一つの使いやすいパッケージにした動的数学ソフトウェア。作図した図を動かして観察することができたり、図をクラウドやデバイス上に保存して後から使用することもできたりする。また、インストールの必要がなく、web 上で操作させることもできる。

Microsoft Teams

　教師がファイルを配信したり、生徒から作成した図を受け取ったりするために使用する。

Microsoft Edge のメモを追加する機能（以下、メモ機能）

　TPC 上で手書きの図をかくソフトウェア。本時では、Geogebra の図に生徒が説明を書き加えるために使用する。

3．本時の展開

時間	おもな学習活動	ICT 活用
導入	・Geogebra にファイルを読み込み、課題を表示させ、本時の目標を確認する。	Teams ファイルを配信する。 Geogebra 課題を表示する。－①
展開	・四角形 ABCD を変形させながら、四角形 EFGH の特徴について仮説を立てる。 ・変形する図の中から、根拠となりそうなことを見いだして仮説を検証する。	Geogebra 四角形 ABCD を動的に観察するために使用する。－②

まとめ	・班で自分の考えや意見を伝え合う。 ・代表生徒の意見を、全体で共有する。	メモ機能 Geogebra の図に自分の考えを書き加える。-③・④ スクリーン 作成した図を全体で共有する。-⑤

4．授業の実際

教師は、本時で使用する Geogebra の図を事前に作成しておき、そのファイルを Teams の学年のチャネルにアップしておく。生徒には授業の中で

①提示した課題

②TPC を指や付属のペンで操作している様子

Teams を起動し、Geogebra のファイルをダウンロードするように指示した。次に、Geogebra を web 上で起動させ、ダウンロードしたファイルを読み込ませた。全体の準備が整うのに 5 分程度かかるので、待っている間に同じ図を印刷したワークシートを配った。

Geogebra で図を表示し、「四角形 ABCD の中点を結んでできた四角形 EFGH にはどんな特徴があるか、四角形 ABCD の頂点を動かしながら見つけてみましょう。また、なぜそうなるのか理由を考えてみましょう。」と課題を提示した。四角形 ABCD を変形させながら観察することで、四角形 EFGH が平行四辺形になることに容易に気付くことができた。また、その理由を見つけるために繰り返し実験を行ったり、Geogebra やメモ機能で補助線を引いて考えたり、Geogebra とワークシートを併用しながら特徴を探ったりするなどの様々な取組が見られた。

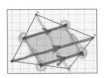
③生徒が説明を書き加えた図

④四角形以外の ABCD

⑤全体で考えを共有している様子

班での共有の場面では、ワークシートや TPC を見せ合いながら活発な意見交換が行われた。図を変形し観察する過程で、四角形 ABCD が四角形でなくてもよいことを発見した班があったので、全体で共有した。共有する際には、端末の画面がスクリーンに映るように設定された教師の iPad を生徒に操作させながら説明させた。四角形 ABCD を変形させても一つの証明で済むことから、証明の有用性を感じ、既習の「過程の統合」を実感している様子が伺えた。

5．さらなる活用に向けて

TPC の扱いに慣れている生徒が多く、Geogebra の操作を通じて思考が促進される様子がたくさん伺えた。仮説を立てる際に図形を変形させながら考察できることは、TPC を使用する大きな利点であると感じる。一方、TPC の扱いに慣れていない生徒を支援するため、周りと協力しやすい雰囲気をつくる工夫の必要性を改めて感じた。また、何かトラブルが発生すると、授業の進行が止まってしまうので、教師は ICT 機器の精通に心がける必要がある。

標本調査

１．単元について

　全体からデータを一部取り出して傾向を調べることで、データ全体の特徴が推定できる標本調査は、実社会において多岐にわたって活用されている。本単元では、様々な標本調査を体験させることから、標本調査が時間や費用、そして負担度など様々な側面を考慮した上で有用であることを実感させたい。その際、調査の信頼度を高める上で、母集団から偏りなく標本を抽出する「無作為抽出」が重要となる。乱数表や乱数さいなどで乱数をつくって「無作為抽出」することは可能であるが、標本を抽出する時間の節約やその後の処理を簡便に進める上で、ICT の活用は、有効な手立てと考える。

２．活用する TPC の機能・ソフトウェア・コンテンツなど

Excel 関数「RANDBETWEEN 関数」

　標本を抽出するには、「作為的」に無作為抽出を行うことが重要となる。その際、「RANDBETWEEN 関数」は、最小値と最大値の範囲を指定すれば、何度でも乱数を簡単かつ迅速に発生させることができる。

　また、Excel 内で処理を進めることは、標本平均の算出やグラフ化などを迅速に行うことを可能とし、様々な分析や解釈を進めていく上で合理的であると言える。

３．本単元の展開

時数	おもな学習活動	ICT 活用
1～2	・全数調査と標本調査のメリット、デメリットは何かを明らかにする。 ・標本調査を行い、母集団の傾向を推定し判断する。	TPC 乱数を「RANDBETWEEN 関数」を使用して作成する。－①
3～5	・母集団の平均値を標本調査によって推定する。 ・標本での割合を基に、母集団の数量を推定する。	TPC Excel 上で乱数を発生させたり、平均を算出したりする。－②
6～8	・課題【コンビニエンスストア『サークルK太』の恵太店長は、利用者の購買意欲の向上に効果があるという、購入額が一定金額を超える毎に引くことができる「キャンペーンくじ」を企画した。キャンペーンくじを引くことができる金額をいくらに設定することが望ましいかを、ある日の利用者2000人のデータから標本調査を行い、提案しなさい。】に対し、各自で適切な分析方法を考え調査を実行し、その結果をレポートにまとめる。（レポートはWordで作成） ・班内で発表および振り返りを行う。	TPC Excel によるデータ処理および Word によるレポート作成。発表も TPC の Word 画面を示す形で実施する。－③・④

４．授業の実際

　標本調査を実体験する上で、授業では、国語辞典に掲載されている見出し語の数を推定したり、中３全体のハンドボール投げの記録の平均値を標本平均から推定したりする活動を行った。生徒は、見出し語が掲載されているページの範囲を確かめて最小値と最大値を定めたり、既習の「AVERAGE 関数」も併用して標本平均を即時的に算出したりして、Excel を駆使してデータの処理・分析を進めていた。また、キャンペーンくじの設定金額を提案する単元末の課題では、2000個のサンプルデータから無作為に標本を抽出し、標本平均の値を基に、店側の利益を見越した金額設定を行うことで、現実社会での標本調査の有用性を実体験から自覚することができた。

　「RANDBETWEEN 関数」は、様々な操作の度に再計算が行われるので、「RANDBETWEEN 関数」で作り出した数字をコピーして「値の貼り付け」をすることで、与えられた乱数をそのまま継続して使用することが可能となる。そういった Excel の特性なども実際に関数を活用する中から学び取ることができていた。

①「辞書の見出し語の個数」の標本調査の様子

②「ハンドボール投げの記録」の標本調査の様子

③班内での発表の様子

④生徒の作成したレポート

５．さらなる活用に向けて

　レポートを作成させる際、データをグラフ化する生徒が多く見受けられたが、「見栄え」を意識しすぎて、論理の流れの中でグラフ化が不要であるにもかかわらず作成している生徒が散見された。どう情報を処理しどう整理することが適切なのか、きちんと捉えさせることが本来の目的であり、それらを理解させた上で ICT を「手段」として活用させていきたい。

1 年 理 科

植物・動物の分類
～Class Notebook を活用した図鑑作成～

1．単元について

　本校理科では、探究的な活動を中心に授業を行っている。1年生では自ら問題を発見することを意識しながら授業を展開している。本単元「いろいろな生物とその共通点」を通して、理科で大切な「比較する」「分類する」ことを意識させた。同時に、紙とデジタルを併用しながら、自分が調べまとめたものを図鑑にすることにより、他者と共有する場面や問題を発見する機会を増やした。また分類の決め手になるのはどういう部分なのかを考えるきっかけとした。

2．活用する TPC の機能・ソフトウェア・コンテンツなど

Microsoft Teams

　授業プリントの配付や実験データ、発表資料を共有する際に使う、授業で核となるアプリである。観察で記録した写真や動画をソフト内のチャネルにアップデートし、共有する。教師は課題提出したレポートに対してフィードバックを行う。

Microsoft Word & PowerPoint

　図鑑作成の際にサンプルとして使用した。また生徒に図鑑を作成する際にも用いた。

Microsoft Class Notebook

　完成したワークシートの共有、蓄積に使用した。検索機能を利用し、調べたい動植物にアクセスできるようにした。

3．本単元の展開

	おもな学習活動	ICT 活用
植物	・学校に生息する植物を調べ、班員と共有する。 ・図鑑にする際の項目を考え、必要な項目を検討する。 ・図鑑として、紙にまとめたものを発表し、相互評価する。	TPC カメラを用いて植物の写真（記録）をとり、Teams に投稿し班員と共有する。－① インターネットを使い、その植物について検索する。
動物	・学校にいる動物を中心に調べ、班員と共有する。 ・前回の植物図鑑にする際の項目を参考に、必要な項目を検討する。 ・図鑑として、紙または Word、PowerPoint にまとめたものを発表する。	Word & PowerPoint を使い、図鑑の作成や発表資料の作成をする。TPC カメラで撮った写真を編集する。－②・③
まとめ	・完成した動植物図鑑をすべてデータ化し、Class Notebook に移す。それを全体で共有し、比較分類していく。	Class Notebook を用いて作成した図鑑を整理し、検索に使う。－④

４．授業の実際

　自分たちで作成した図鑑を検索したり共有したりできることで、より自分事として捉えることができた。また他者と共有する際にも「そういう項目があるとわかりやすかった」など、自分が調べた動植物の図鑑と簡単に比較することができるので、何度も編集し、より良いものにしていこうとする姿が見られた。

①撮った写真を投稿する場面

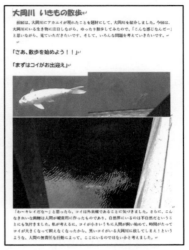

② Word で作成した追加の発表用資料

③完成した動物図鑑

④ Class Notebook を用いて図鑑を検索する場面

５．さらなる活用に向けて

　TPC に不慣れな１年生にとっては、図鑑というイメージしやすく取り組みやすい内容であったが、インターネットで検索する際に何を検索したら目当てのものが出てくるのかわからないということがあった。検索ワードがその生物を分類する上でキーになってくるのだが、改めて図鑑の項目の重要性を実感した。

化学変化とイオン
～TPC & office ソフトを活用した授業展開～

1．単元について

　自分たちで課題を設定し、その課題を検証する実験を行い、その際の記録やデータ等の比較、発表用資料の作成に TPC や Microsoft Teams が生かされている。実験の様子や結果を細かく記録させ、班の記録などを蓄積し、全体で共有できるようにしている。TPC & office のソフトを活用した授業展開の基本は、主に Microsoft Teams を使い、授業プリントや実験での写真、動画等の資料を共有している。その際、授業プリントは Word や PowerPoint で作り、生徒はそのプリントを授業開始時にダウンロードし、入力やメモを取るといったような形で授業を進めている。本単元である化学変化とイオンの課題は、「身の回りにあるものを使って非常時に使える電池をつくろう」とした。課題を解決するための実験、実験結果の検証、他者への発表という流れの授業展開から他者と共有する機会を増やし、様々な実験方法で得られた結果を分析することで、理科で大切な「比較する」ことを意識させ、授業に取り組ませた。

2．活用する TPC の機能・ソフトウェア・コンテンツなど

TPC & Microsoft office 各種ソフト

　主に使うソフトは Teams である。授業プリントの配付や実験データ、発表資料を共有する際に使う、授業で核となるソフトである。また Word、PowerPoint を使い、実験計画や発表資料を作成する。TPC で実験を記録した写真や動画は PowerPoint 等を用いて、班で共有したり、発表したりするのに使用している。Excel は主に実験のデータ分析やグラフ作成に使用している。

3．本単元の展開

時数	おもな学習活動	ICT 活用
1	・身の回りの物を使って非常時に使える電池をつくるためには何が必要かを、WB にまとめる。 ・実験に必要なものを班で話し合い、実験レポートに整理していく。	Teams を用いて授業プリントをダウンロードする。－① Word & PowerPoint でレポートを整理する。
2 ～ 3	・実験レポートに沿って実験を行っていく。 ・実験の様子やデータを分析し、レポートにまとめていく。	タッチペンを使い授業プリントにメモをとる－② 実験の写真・動画を Teams にアップする。 Excel を用いてデータ処理や整理する。
4 ～ 5	・実験をやってわかったことを発表する。 ・発表して得た新たな課題（改善点）を整理し、非常時に使える電池なのか再検証する。	PowerPoint を用いて結果を発表し共有する。－③・④ 実験レポートの提出。

４．授業の実際

　実験のレポートは班で共通する部分もあるので、個人での予想や考察は別として、分担して作成した。話合い活動を通して、どうやって実験をしていくかをホワイトボードにまとめたが、自分たちの目的を見失わせないために TPC で写真を撮り、いつでも確認ができるようにした。また実験の様子も写真や動画で記録させると、生徒たちは考察の参考にしたり、発表するための資料として保存したりしていた。記録したデータの共有には Teams を活用する姿が見られた。実験結果の発表は PowerPoint を使って、資料を分担して作成していたが、分担して作った資料も Teams を使って共有することができていた。これは、発表に必要な準備時間を短縮することにも繋がった。最終的に、実験レポートのデータは、Teams の課題提出機能を使って提出させた。提出したデータを見るのも非常に便利であるため、良いレポートなどは必要な部分を編集し、全体で共有して今後の参考にしたり、新たな課題発見のきっかけにしたりしている。

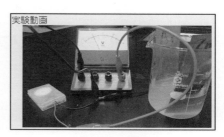

①Teams から授業プリントのダウンロード画面

③撮影した動画

②タッチペンを使ってメモを取る様子

④実験結果を発表・共有する様子

５．さらなる活用に向けて

　実験に関していえば、データの処理や記録、情報共有が簡単にでき、レポート作成も捗っていた。共有や記録が簡単にできる分、一回の実験が安易なものにならないか、実験計画を何回も精査していく必要性を強く感じた。１つの現象を注意深く観察することに焦点を置き、共有していくことが大切であると改めて実感した。またタイピング等の技能に差が出るため、各教科連携を図ると同時に、班活動などを通してお互いに教え合いながら、１年次から継続的に取り組む必要性を改めて感じた。

Class Notebook を活用した
学習記録の蓄積

１．単元について

　授業のワークシートを PowerPoint で配信した。生徒は、個人の考えを PowerPoint に打ち込んだり、グループで話し合って考えた実験方法や実験結果を記述したホワイトボードの写真をPowerPoint に貼り付けたりしてワークシートを完成させる。完成したワークシートは ClassNotebook に貼り付けることによって蓄積していく。生徒は、自分のノートブックとクラス内で共有されているノートブックを見ることができる。教師はクラス全員分のノートブックを見ることができ、各自の記述を見て形成的な評価に生かすことができる。

２．活用する TPC の機能・ソフトウェア・コンテンツなど

Microsoft Class Notebook

　ワークシートの配信、実験結果や反応の様子の写真及び動画の共有、完成したワークシートの蓄積に使用した。また、課題の配信及び提出も可能で、生徒自身で提出の有無が確認できる。

３．本単元の展開

	おもな学習活動	ICT 活用
年度はじめ	・ガイダンスの時間に Class Notebook の基本的な機能と使い方のルールなどを確認する。 ・Class Notebook に分野ごとのフォルダを作成する。	Class Notebook クラスごとに Teams で Teamを作り、ノートを作成する。－①
授業時	・配信された PowerPoint で実験手順等を確認しながら学習を進める。 ・グループの考えや実験結果をホワイトボードに記述し、写真に撮り、PowerPoint に貼り付けて記録する。 ・実験の様子（化学反応による薬品の色の変化等）を動画や写真に撮り、グループで共有する。 ・返却された小テスト（紙）を写真に撮り、ClassNotebook に蓄積する。	PowerPoint 実験手順の説明など、授業のワークシートとして活用した。 Class Notebook 実験における反応の様子の共有に使用した。－②
授業後	・写真を貼り付けるなどして完成したワークシートをClass Notebook の個人のノートブックに蓄積していく。	ClassNotebook 完成したワークシートを蓄積するために使用。また、必要に応じて課題の提出にも使用した。－③

4．授業の実際

　理科の授業は年間を通じて紙のワークシートをほとんど使用せず、PowerPoint のワークシートを配信することによって実施した。主な目的は2つある。1つ目は、デジタルポートフォリオが当たり前となる時代に向けて順応すること。2つ目は、実験レポートを書く際に動画や写真を活用することによって、学習の記憶を生徒に定着させることである。パソコンのタイピングになじみがない生徒も一定数いるため、課題に対する個人の考えを記述する活動を行う時など、紙に書いたものを撮影してワークシートに残すことも可とした。しかし、前期が終わるころには生徒全員がタイピングで自分の考えを記述することができる状態になった。また、一部の生徒は教師が話したこともタイピングで記録することができるレベルになっている。

　理科の授業における効果として、レポートを記述することが苦手な生徒も実験の写真や実験結果をグラフにして分かりやすく説明ができるようになったことが挙げられる。

① ClassNotebook による学習履歴の蓄積

②実験の様子を写真に撮って共有

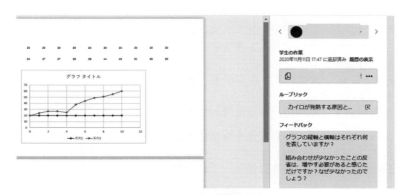

③ Teams による課題の提出。

5．さらなる活用に向けて

　Excel を活用して簡単にグラフを作成し、レポート作成に生かせるようになった反面、グラフの軸が何を表しているのかを記入し忘れる等、グラフ作成の基礎が疎かになっている部分が顕在化した生徒が多かった。1年生の段階でグラフの書き方の基礎を定着させた上でコンピューターの活用を行うという段階を踏むことの大切さを改めて感じた。教科の教師間で共有し、3年間という期間でどのように基礎から応用へと繋げていくのかを、チームとして考えていく必要がある。

３年 理科
Teams を活用した課題の
提出及びフィードバック

１．単元について

　３年生理科の物理分野「運動とエネルギー」で、衝突の危険をわかりやすく伝えるにはどうすればよいかという問題を解決する学習を行った。グループごとに見いだした課題に対して実験を行い、レポートを PowerPoint にまとめ、Teams を通して提出するようにさせた。

２．活用する TPC の機能・ソフトウェア・コンテンツなど

Microsoft Class Notebook

　各グループが問題から見いだした課題を共有するために使用した。コラボレーションスペースに各グループが書き込み、誰でも見られる状態にした。また、実験方法を考える時間（２時間目）に書いた内容を教師が印刷して配付し、グループのメンバーが１枚の紙を見ながら、書き込んで話合いができるようにした。

Microsoft Teams

　課題の配信及び提出に使用した。事前に評価規準を示したり、評価を生徒に個別に送ったりすることもできる。また、生徒自身で提出の有無が確認できる。

３．本単元の展開

	おもな学習活動	ICT 活用
1・2	・廊下などを走っていて、人と衝突することの危険について考える。 ・「危険さ」を分かりやすく表現するためには、どうすればよいか考える。 ・問題を解決するために、課題を見いだす。	PowerPoint 問題を提示する。－① Class Notebook 課題の共有を行う。－②
3〜8	・グループごとに設定した課題を解決するための実験を行う。 ・実験の様子を動画や写真に撮り、グループで共有する。 ・グループの実験結果をホワイトボードに記述し、写真に撮り、PowerPoint に貼り付けて記録する。 ・実施した実験の目的、方法やその結果、考察を PowerPoint にまとめて、課題として Teams を使って提出する。	PowerPoint 実験の目的、方法やその結果、考察を PowerPoint にまとめる。 Teams 実験のレポートを課題として提出し、教員から生徒にフィードバックを送る。－③
9・10	・廊下を走ることの危険さを伝える方法を考え、伝えるもの（ポスターなど）を作成する。 ・グッドデザイン賞を決める。	PowerPoint 廊下を走ることの危険さを伝えるポスターなどの作成に使用する。

4．授業の実際

　1時間目の授業では、衝突の危険をわかりやすく伝えるにはどうすればよいかという問題を提示し、4人グループで問題を解決するための課題を見いだす活動を行った。その際、班での話合いを可視化するためにホワイトボードを使用した。各グループがいつでも自分たちの考えの原点に戻れるよう、Class Notebook のコラボレーションスペースに、グループの考えを記述したホワイトボードの写真をアップロードさせた。そうすることで、他のグループの考えを互いに見ることができるようにした。

　3〜8時間目の実験を行う授業の中では、小球の質量の違いによる木片の移動距離の変化を動画で撮影したり、Excel を用いて結果をまとめたりする姿が見られた。実験が1つ終わるごとにTeams を通して PowerPoint にまとめたレポートを提出させ、フィードバックを行った。生徒はフィードバックを受けて、設定した課題の見直しや実験方法の改善などに生かしていた。

① PowerPoint による問題の提示

② ClassNotebook で課題を共有

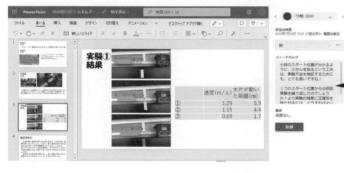

③ Teams による課題の提出及び教員によるフィードバック

小球のスタート位置が分かるように、ふせんを貼るという工夫は、実験方法を検証するためにも、とても良いですね！

1つのスタート位置からは何回実験を繰り返したのでしょうか？より実験の結果に正確性をもたせるには、どうすればよいか考えてみましょう。

5．さらなる活用に向けて

　理科の授業において ICT を活用することの利点の一つとして、実験の様子を写真や動画で残し、スロー再生などによって細かく分析できることが挙げられる。しかし、この点は生徒が持っている端末の機能に依存するところが大きい。今回の探究を進めていく中でも、小球が木片に衝突する様子をスロー再生で見ようとしたが、コマ送りの幅が大きく、見たい瞬間が見られないなど、端末の機能と生徒の探究に対する意欲の間にギャップがあった。ICT を活用させて学習を進める際は、端末の機能を十分に把握した上で、授業の中に取り入れていく必要があると感じた。

1年 音楽

和の心と音色に触れよう
～篠笛（所作編）～

1．題材について

　本題材は器楽分野における和楽器の学習内容である。本校では和楽器として篠笛を取り入れている。静けさを大切にし、自然とともに発達してきた篠笛の音色や音楽そのものだけではなく、演奏前後の動き、所作（しょさ）も音楽の一つと捉え大事にしているのは、伝統音楽のよさの一つである。篠笛の導入となる1年生では、まずは所作の手順や型を学びながら、演奏に発展していく。日本人が昔から大切にしてきた文化や精神性について考え、我が国の音楽ならではの間や音色を、実感をもって感じ取ることをねらいとしている。

2．活用するTPCの機能・ソフトウェア・コンテンツなど

TPC（動画撮影機能）

　自分の所作を動画で撮影してもらい、仲間からのその場でのアドバイスだけではなく、グループ及び個人で客観的に所作の手順や美しさの確認を行い、課題をメタレベルで俯瞰し改善につなげていった。

Microsoft Teams

　実技テストの代わりに自分で納得する所作の動画を撮り、Teams の課題に提出する形式をとった。後日、評価とともに自分でも振り返ることができ、今後の技能向上にもつなげていけるような手立てとした。

3．本題材の展開

時数	おもな学習活動	ICT 活用
1	・日本らしさについて考える。 ・演奏鑑賞から篠笛の特徴について感じ取り、仕組みや部分の名前について知る。 ・音を出してみる。	Power Point －①
2 ～ 3	・篠笛の音の種類や楽譜について知る。 ・「とうふやさん」の演奏に取り組む。 ・所作について学習する。 ・所作の手順を確認し、グループごとに練習する。 ・動画撮影を行い、それぞれのグループで手順や一つ一つの動きについて確認し、アドバイスを伝え合う。 ・客観的に自分で振り返る。 ・ワークシートにアドバイスや自分の気付きをまとめていく（振り返り）。	TPC（動画撮影機能） 所作の録画－② 動画を視聴しながらのグループ活動－③
後日	・Teams に、課題動画を提出する。	Teams…動画提出

4．授業の実際

　TPC を活用し、自分たちの所作を可視化することで、課題発見、解決につなげることができた。また、撮影をするためには自発的な取り組みが必要となり、その過程においても仲間と教え合うなどの協働的に学ぶ姿が多く見られた。

　活動の際の手立てとなるように、事前に教師の行った手本動画を撮影し、Teams のファイルにアップしておくことで、言葉だけではわかりにくい動きを自由に見直せるように工夫した。

　生徒は自分や仲間の動画を繰り返し確認することで、気付いた違和感を言葉にする手立てとしても活用することができた。自分の姿を客観的に見ることで、自身の課題を自覚し、取組の改善、技能の習得へとつながっていった。

所作の手順
① 篠笛は真ん中より、少し左側（頭側）を（右）手で持つ。
　※篠笛の頭（かしら）が（下）になるように持つ。
② 静かに右手を前に出す。
③ 左手で（歌口）の下から、そっとささげ持つ。
④ 右手をずらし、指孔の位置に置く
⑤ ゆっくり（弧（こ））を描くように口元に持ってくる。
⑥ 左手をずらし、（右足）を引く。
⑦ 笛は横にまっすぐになるように意識し、演奏する。
⑧ 演奏が終わったら、しっかり（余韻）を聴く。※動かない！
⑨ 左手を歌口の下にずらし、足をもどす。
⑩ ゆっくり（弧（こ））を描くように篠笛を口元からおろす。
⑪ 深すぎず、ていねいにお辞儀をする。※指孔が上に向くように。

①指導用 Power Point

②所作を教え合ったり、録画したりしている様子

③グループごとに録画を確認している様子

5．さらなる活用に向けて

　動画を活用することで、視覚的な課題発見がしやすくなるが、教科の本質を忘れず、音楽的な意義に結び合わせていけるよう促していくことも大切だと感じた。また、動画から静止画にし、自分で所作のポイントを書き込みながら記録を作るなど、技術の積み重ねを可視化していけるような工夫や、それを互いに発表し合うことで技能をより深めていくことなどにつなげていけると、プレゼンテーション力の育成にもつなげていけると考える。

君も作曲家！
～FyCM ソングを作ろう♪～

1．題材について

　本題材では、「学校の紹介 CM」をテーマに、日本語のもつ高低アクセントとリズムを生かした創作表現を創意工夫し、表現の多様性を感じ取り、創作活動に親しむ態度の育成を目指す。既習事項として、篠笛を使用しての旋律創作を経験しているが、西洋音楽のリズムやフレーズのまとまりを意識した、歌詞のある旋律創作は初めてとなる。言葉を伝える CM ソング作りというテーマのもと、歌唱「花」の学習とつなげ、言葉の意味が伝わりやすいメロディーの仕組み＝日本語のもつ高低アクセントの特徴を捉える学習を取り入れた。また耳に残りやすい CM ソングの例を提示し、歌唱での旋律創作（8 拍）を目標に設定した。旋律創作を行う中で、一番の壁となる記譜について、今回はリズム譜まではプリントを使用して学習することとし、創作した旋律は、各自の TPC に録音して発表することとした。音符や休符の基礎は今後の表現活動にもつながっていくものであり、基礎知識としても技能としても大切に扱いたいと考える。また、旋律付けを行う際には、調性や記譜にとらわれず歌唱とすることにより、創作表現が少しでも身近に感じられるようにしたいと考えた。

2．活用する TPC の機能・ソフトウェア・コンテンツなど

Microsoft Power Point

　発表にパワーポイントを用いることで、テーマと歌詞、リズム譜、イメージと工夫点の紹介、CM ソングの放送まで行うことができ、プレゼンテーション能力の育成にもつなげていける。

Microsoft Teams

　作品の発表は Teams を使用し、作品（Power Point）の共有を行う。それぞれに対しての意見や感想も Teams 内のチャネルで送り合い、その意見を見ながら各自の振り返りにも生かすことができる。また課題提出も Teams を使用した。

3．本題材の展開

時数	おもな学習活動	ICT 活用
1	・日本語の音の特徴について知る。 ・創作の手順についての確認	指導用 Power Point
2 ～ 3	・FyCM 創作 　テーマ決め、歌詞の作成とリズム譜の作成 　旋律創作、録音、プレゼン準備	録音機能 …作品の録音 Power Point …発表用資料作成－①

4	・班内での作品のプレゼン ・意見交換や各自の振り返りを行う。－③	Teams …発表用資料の共有、意見交換－②

4．授業の実際

　初めての旋律創作ということもあり、最初は敷居の高い様子もあったが、言葉のもつリズムと高低を大切にしながら学習を進める中で、イメージや思いが湧き出す様子が伺えた。リズム譜では躓きがあったとしても、最終的な歌唱を録音した作品では、表現豊かな作品に仕上がっていることもしばしばあり、ICT を活用した創作授業の広い可能性を感じた。自分で自由に録音してよい条件であったため、中には仲間と歌ってハモリを入れたり、伴奏を付けたりしている作品もあった。作品に対する意見交換では、伝える側も再度資料を見ることが可能であったり、伝えられた意見が可視化されて残ったりすることで、各自の振り返りが深まる様子が見られた。また、生徒作品から記録に残す評価をする際には、一連の思考の流れも読み取ることができ、何度でも視聴することができるので、データでの提出は利便性が非常に高いと感じた。

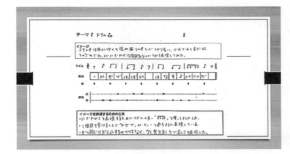
①生徒発表用資料

②班内発表の様子

CM創作をしてみて（感想）
自分の思いを他の人から分かる音という形で表現できて、とても面白かった。リズムと抑揚で、それぞれ自分の思いを多様に表していた。

仲間からの意見をもらって（振り返り）
意図しない結果だったが音音を付け足し、愉快な感じも演出することができた。また、抑揚と音程の一致で、皆違和感なく聞けたようだ。

学習を通しての変容や身に付いた力について
普段聞いているCMソングも、このように抑揚や、伝えたいことに合わせた作り方をしているのだろうかと意識が芽生え、音楽を作る側としての意識で所につけることができた。また、自分の思いの表現は、今までは言葉化だけだったが、聴覚からも新たに表現する過程を学ぶことができた。

③生徒の振り返りより、ちょっとした工夫や偶然から面白いものができることの実感や、生活との関わりについて考えられている様子が見られた。

5．さらなる活用に向けて

　作曲アプリ等を使用しない、創作の学習における ICT を活用した授業展開の可能性について考えるきっかけとなった。音質や演奏のライブ感、仲間と創りあげる達成感が何よりも醍醐味である音楽科にとって、楽譜や演奏することが苦手な生徒でも、思いや意図をもって創作活動を行い、発表できるツールになっていくのではないかと考える。

1年美術

植物模様で飾る「なべしき」

１．題材について

　植物から美しいと感じた部分を見つけて身近な工芸品を装飾することを通して、身近なものを装飾する意味や、自然を生活の中に取り入れてきた日本の美術文化について考えることを目標に題材を設定した。本時は、限られた枠の中を有効に飾るための装飾の練習を PowerPoint で行った。植物の素材は、枝や葉、実などを用意した。PowerPoint 上であれば、素材を移動したり、増やしたり、回転させたり、拡大・縮小したりすることが容易にできるため、試行錯誤しながらアイデアを練ることができる。

　また、SharePoint にデータを保存させ、装飾のアイデアを学年で共有できるようにした。同じ素材をどのように使って装飾しているのかを見合い、装飾の工夫や楽しさを感じさせたい。

２．活用する TPC の機能・ソフトウェア・コンテンツなど

Microsoft PowerPoint

　PowerPoint の枠外のスペースに植物の素材を配置した「装飾を練習するためのシート」のデータを、SharePoint を使って生徒とやり取りする。SharePoint にデータをアップロードするときは、他の生徒が誤ってデータを操作しないように PDF 形式で保存させる。

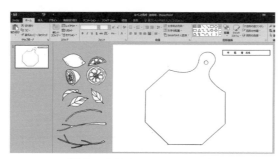

「装飾を練習するためのシート」

３．本時の展開

おもな学習活動	ICT 活用
・PowerPoint でレモンの素材を使い、なべしきを装飾する練習をする。 ・装飾したデータを PDF にし、SharePoint 上にアップロードする。 ・自分のクラスや他のクラスのデータを見て、装飾の工夫について考える。	TPC SharePoint 上の「装飾を練習するためのシート」をダウンロードし、PowerPoint で編集する。編集したデータは PDF で保存し、クラウド上にアップロードする。－①・②

４．授業の実際

　授業の始めに「なべしきを装飾するために、PowerPoint で練習をしよう」と言うと、生徒は「おもしろそう！」と興味をもった。生徒には「身近な植物には色々な美しさがあります。今回練習するための素材は植物を色々な角度から見たものを用意しています。全部の素材を使って装飾してもよいし、一つの素材を組み合わせて装飾してもかまいません。みんな同じ素材を使って装飾しますが、美しいと思った素材を選び、構成していく中で様々な装飾が生まれます。最後は学年全員の作品を見られるように SharePoint で共有して、他の人の装飾の工夫について考えましょう」と伝えた。

　次に、PowerPoint 上で素材を移動したり、増やしたり、回転させたり、拡大・縮小したりする方法について説明し、活動に取り組んだ。

　生徒は他教科や TOFY で広く TPC に触れているため、抵抗なく自分の表現意図に沿って機器を使いこなして表現することができていた。編集が容易にできることで、生徒は意欲的に活動に取り組み、試行錯誤を繰り返していた。

　データを PDF 化し、SharePoint 上で共有したときには、同じ素材でも様々な装飾が生まれることや、美しいと思った装飾についてなぜそう思ったのかを考えている様子が伺えた。

① PowerPoint で装飾をしている様子

②装飾中の画面

５．さらなる活用に向けて

　生徒は装飾の工夫や楽しさを感じることができていた。また、学年でデータを共有したことで、より多くの装飾を見ることができ、その中で自分が美しいと思ったものについて、なぜそう感じるのかを考え、一般化し、作品に生かそうとする発言もあった。

　今回は装飾の練習で TPC を活用したが、今後は生徒がアイデアスケッチをするときにも必要に応じて活用させていきたい。

2年 美術

Fy デザイン事務所
〜思わず手に取るパッケージコンテスト2020〜

1．題材について

　本題材では、商品の魅力を伝えるパッケージ制作において情報を分かりやすく美しく伝える学習を通して、表現と鑑賞に関わる資質・能力を育成し、生活や社会の中の美術の働きについて考えさせることをねらいとしている。

　本時は、制作に入る前に情報を分かりやすく伝える上で大切な条件を考えさせるための活動である。自分たちで決めたパッケージデザインに欠かせない要素をレーダーチャートの観点とし、持ち寄った身近なパッケージを、根拠をもって評価させた。レーダーチャートは SharePoint にアップロードして共有し、気付きや学びをより多く得られるようにした。

2．活用する TPC の機能・ソフトウェア・コンテンツなど

TPC（画像撮影）

　自分のワークシートと持ち寄った身近なパッケージを写真に撮る。パッケージとワークシートを一緒に撮影することで、学習後に学びを振り返りやすい。

Microsoft SharePoint

　共有のフォルダに、各自が持ち寄ったパッケージとレーダーチャートを写真に撮って保存する。オンライン上のフォルダである SharePoint に保存することで、他の班や他のクラスの生徒が考えている内容も効率よく共有できるようになる。

3．本時の展開

	おもな学習活動	ICT 活用
導入	本時の内容と目標を確認する。	
展開	パッケージデザインに欠かせない要素をレーダーチャートの観点とし、自分たちが持ち寄ったパッケージを、根拠をもって評価する。 ①個人で考える。 ②班で共有した後、全体で共有する。 ③パッケージとレーダーチャートを一緒に写真に撮る。 ④データを SharePoint にアップロードする。 ⑤他の班や他のクラスのデータを見て、情報を分かりやすく伝える上で大切なことを考える。	・TPC パッケージとレーダーチャートを一緒に撮り、写真の名前にパッケージの名称を入れる。 ・Microsoft SharePoint 指定のフォルダ内に写真を入れる。他の班のデータや他のクラスのデータを見ることができる。
まとめ	活動について振り返る。 次回の授業の内容を確認する。	

４．授業の実際

　生徒は、自分たちが決めたパッケージに欠かせない要素をレーダーチャートの観点とし、造形的な視点を働かせて根拠をもって自分で持ち寄ったパッケージを評価することができていた。

　班で共有する場面では、レーダーチャートと実際のパッケージを見せながら共有させた。その後、レーダーチャートとパッケージを一緒に写真に撮らせ、写真データに、パッケージ名を入れさせた。SharePoint にアップロードされた他の班や他のクラスの生徒の写真から自分たちが持ち寄ったパッケージとは違う種類の様々なパッケージを見つけることができていた。根拠がなかなか具体的に書けない生徒も、他の生徒のレーダーチャートを見ることで見方や感じ方を広げている様子が伺えた。様々なパッケージとレーダーチャートを見たことで、生徒は情報を分かりやすく伝える上で大切な条件について深く考えることができていた。

①SharePoint にアップロードされた
　データを見ている様子

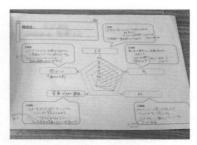

②生徒が SharePoint にアップロード
　したレーダーチャート

③生徒の制作した作品

５．さらなる活用に向けて

　今回のようにワークシートなどを班やクラスを越えて共有し、自分に必要な情報を選択して思考する活動は、生徒の見方や感じ方を広げたり、深めたりするのにとても効果的である。また、一年生の時からのデータをクラウド上のフォルダに保存することで、自分の学びが蓄積され、必要な時に振り返り、様々な場面でその学びを生かしやすいと考える。

　美術では、触ったり、立体感を感じたりといった身体的な感覚も大切である。実物を見たり、触ったりしながら考えられる時間を確保し、目的に応じて ICT を効果的に活用していきたい。

1年 保健体育

球技
～ネット型～（バレーボール）

1．単元について

　本単元では「ボールをつなぐ」というテーマを設定し、チームでボールをつなぐためにはどのようなことが必要になるのかを考え、検証を行ってきた。その中で、チームとしての技能やコミュニケーションに加え、個人のボール操作における技能の向上が必要だという意見が見られるようになり、TPC を使用して個人の技能の確認をさせた。本時では、学んだ技能のポイントを再度確認し、TPC で撮影し、個人の技能の確認や手本との比較、修正を行う時間とした。自身が自覚している動きと、実際の映像を見比べることによって、自身の動きの修正につなげたり、より安定したボール操作を習得したりできるよう、チームの仲間とアドバイスをし合い、次時の活動へとつなげていった。

2．活用する TPC の機能・ソフトウェア・コンテンツなど

TPC（動画撮影）

　生徒同士でパスの動きを撮影し、個人の課題等の発見につなげる。撮影したものはチームで確認し、良いところや課題を見つけて互いに伝え合い、練習を行う。

3．本時の展開

	おもな学習活動	ICT 活用
10分	・前時の振り返りを行う。 ・本時の目標を確認する。 ・ウォーミングアップを行う。	
30分	・役割分担をする。 ・動画の撮影を行う。 ・チームで見合い、課題や良いところを見つける。 ・お互いにアドバイスをし、再度実践する。	TPC パスの様子を動画で撮影 ①～④
5分	・本時の振り返りをする。 ・次回の練習や目標の確認をする。	TPC 必要に応じて動画の確認

４．授業の実際

　今まではなんとなく行ってきたパスが、TPC で動画を撮影し、動画で確認することで自身の課題に気付くことができていた。チームで動画を確認し、コマ送りにしたり、上手な仲間の動画と比較したりしながら、課題とよいところを探し出し、伝え合う姿が見られた。また、課題が見つかった部分は、改善を図るべく、チームで協力し、動きの確認を行い再度練習したり、撮影を繰り返し行ったりするチームもあった。

　単元の振り返りでは、「本時の授業が一番学びが深まった」という記述も見られた。記述には、「実際に見ることで、なぜうまくいかなかったのかの原因が分かった」、「他の人の動きをじっくりと観察することで、仲間のよい動きや改善点を自身の動きに反映することができたから」などの気付きがあった。

①撮った動画を班で確認

②動画で確認したことを基にアドバイス

③④動画で確認したことを基にアドバイス

５．さらなる活用に向けて

　陸上競技でも ICT 機器を使用して自身の動きの可視化を行ってきたが、球技になると、ボールを使いたい気持ちが先行し、生徒から率先して TPC を活用する姿が少なかったように思う。今回は教師側が使用する時間を設け、個人の技能の確認、修正のために活用したが、今後は生徒が自ら必要性を見いだし、活用する場を広げていきたい。

2年 保健体育

球技
～ゴール型～（サッカー）

1．単元について

　2年球技ゴール型サッカーでは、ゲーム中のボール操作と仲間との連携に着目して学習を進める。単元中では、グループ内で「ボールをもらう時、パスを出すときの体の向き」について、授業で行ったゲームの動画から、本時のねらいに沿った内容で課題を見いだし、課題解決のために何をすべきなのかを考え、仲間に伝える。2学年の授業では、昨年度から単元の中に「検証タイム理論」という、動画を使用した技能やゲームの展開についての個や集団による検証の場を設けている。そこから、これからの学習を深めるための、個や集団の学習につなげる。

2．活用するTPCの機能・ソフトウェア・コンテンツなど

TPC（動画撮影）

　一人ひとりが動画を確認できるよう、Share pointにグループごとに保存し、動画の中から自分が気になる部分を切り取って、タッチペンで「何が、どうして」を書き込んでいく。それを班員に提示し、自分の考えを述べる。

Microsoft Word

　発表した内容をWord形式の学習プリントに書き込んでプリントアウトし、授業で活用する。

3．本時の展開

	おもな学習活動	ICT活用
5分	・課題の提示	
40分	・各自が動画の確認をする。 ・動画へ「検証ポイント」を書き込む。 　「ここがPOINT」という画像を選択し、スクリーンショットでWordに挿入し、POINTを記入する。 ・自分の選択した場面を班内でプレゼンテーションする。 ・POINTの内容について、班員からアドバイスをもらう。 ・Wordの学習プリントへ記述する。 　自分の考え、アドバイスから「解決方法」を書く。	TPCを用いて動画の確認-① タッチペンを使用して画像への書き込み-② プレゼンテーション-③ TPCでまとめる-④
5分	・本時のまとめ ・次回の授業内容の予告	

４．授業の実際

①授業での動画撮影の様子

②動画を見て気になることを書き込む

③小グループで発表・情報共有

④解決方法のまとめ

　TPC を活用して、自分たちのプレーを再現することで、課題発見、解決につなげることができた。また、TPC の活用方法として、動画の確認やそれを活用したプレゼンテーションでの表現が、言葉だけではなく視覚にうったえる形で提示することができるようになり、班での課題の発見にもつながった。学習のまとめでは、自分の選んだ場面を Word による学習プリントにそのまま活用することで、学習の流れの中で得た情報をまとめやすくなった。

５．さらなる活用に向けて

　動画を活用することで、視覚的に課題発見がしやすくなり、同じ目線だけではなく様々な視点からの動画によって見方が変わり、新たな発見ができるのではないかと感じた。また、短時間のプレゼンテーションでは、相手にきちんと伝えるために、見やすく簡潔に要点をまとめることを意識させることで、授業内のアドバイスや教え合いなどの活動も充実していくと考えられる。今後は、生徒が自ら必要性を見いだし、活用方法を選択していく場を広げていきたい。

3年 保健体育

球技
～ネット型～（卓球）

1．単元について

　卓球は、部活動として取り組んでいる生徒、地域の地区センターや体育館の開放などで経験している生徒も多い。しかし、技能に関してはとても差があるのが現状である。生徒たちはこれまで、ネット型の球技スポーツとしてバレーボールの授業を受けてきた。バレーボールでは、仲間と協力してラリーを楽しむことを学んでおり、本単元でも仲間と教え合いながら、他者と協力してラリーを楽しめるようになることをねらいとした。その中で今回は、身に付けた知識や技能を相手の状況に合わせて伝えることを重視した。

2．活用するTPCの機能・ソフトウェア・コンテンツなど

TPC カメラ（動画及び画像撮影）

　伸ばしたい技能を意識した練習計画を、実践している様子を撮影させる。

Microsoft Teams

　動画・画像などを添付したデータと工夫したポイントをまとめたデータを作成し、Teams に提出させる。教師は、提出されたものに対してフィードバックを行う。

　工夫したポイントをまとめる方法については、Word、Whiteboard、PowerPoint、ペイントなどのツールを使用させ、文章や画像にポイントを書き込んで説明したり、複数のツールを組み合わせて考えをまとめたりするなど、それぞれ得意な方法を選択し、作成させる。

3．本単元の展開

時数	おもな学習活動	ICT 活用
1	・「卓球個人カルテ」を作成し、グループでそれぞれのカルテを見合って、伸ばしたい技能に合う練習計画を立てる。	
2	・練習している様子を撮影し、その練習内容や工夫点などをまとめ、動画や画像とともに提出する。	Teams・TPC カメラ Word・Whiteboard・PowerPoint・ペイント 動画・画像を撮影し、Teams の課題に提出。教師は、フィードバックを行う。－①～④
3	・教師からのフィードバックを参考に、継続して練習を行う。	TPC カメラ 動画・画像の撮影を行う。

4．授業の実際

　基本的な知識と技能の習得を数時間行った後、「Fy卓球クラブ～みんな名コーチ～」というテーマで、各自の現状をグループのメンバーで確認して、最適な練習メニューを考えて実践し、状況に合わせて試行錯誤しながら調整していく課題を行った。

　まず、個人（自分）の現状把握として「卓球個人カルテ」を作成した。内容としては、利き手やラケットの種類から始まり、技能（サービス・フォア・バック・ツッツキ・ドライブ・カット・ラリー）の自己評価、今伸ばしたい技能、コーチ（周囲の人）に相談したいことなどを記入させた。その後、カルテを見合いながら、得意な人に聞いたり、実技書などを参考にしたりしながら練習メニューを考え、それを実践した様子を撮影させた。コーチ側の生徒たちは、その動画や画像を基に、よくできているところを褒めたり、改善点を指摘したりしていた。他者からのアドバイスや撮影された動画や画像を自分自身で繰り返し確認することで、学びの深まりや自覚につながっていた。撮影した動画や画像は内容を絞って編集させ、考えた練習内容とそのねらいやポイントなどを自分が得意な形式（Word・Whiteboard・PowerPoint・ペイント）でまとめ、Teams の課題に提出させた。提出されたものについては、フィードバック機能を使い、工夫点を認めるコメントや次回の活動につながるコメントを返した。さらに次の授業でも直接声かけを行い、活動の調整を図らせた。

①練習内容を撮影している様子

②動画と実技書を基に動きの確認をしている様子

③考えをイラストや文字でまとめている様子

④個人へのフィードバック

5．さらなる活用に向けて

　今回は3年生ということもあり、場面に応じたICTの活用方法などを習得している生徒が多かったため、協働的な活動を通して学びを深めていく環境づくりに専念できた。頭と体を動かしながら学習を進めていくためにICTを使うことはとても効果的だが、目の前にいる生徒一人ひとりに合った活用ができるようにするためには、教師側が様々な機能やツールについて、さらに学ぶ必要があると感じている。

2年 技術分野
B 生物育成の技術
ホウレンソウの栽培

1. 題材について

　本題材では、生徒一人一人が収穫量やどのような野菜にしたいかといった栽培の目標を決め、それを達成するための栽培計画を立てた上で、プランターを利用したホウレンソウの容器栽培を行っていく。授業の中では、複数の肥料やビニールシートなどの道具を準備し、横浜市の気候や季節などの環境条件、植物の生育状況を踏まえながら、自らが立てた目標を達成するために必要だと考える道具を選択し、それらを基に状況に合わせた最適な方法を検討できるようにしていく。

2. 活用するTPCの機能・ソフトウェア・コンテンツなど

Microsoft Teams

　Teamsにある共有のフォルダに、ホウレンソウの育て方に関する資料や横浜市の気象情報に関する資料を保存しておくことで、生徒が活動に応じて様々な資料を活用できるようにする。また、他の人の考えにも触れられるよう、各自が作成したレポートや作業の様子なども保存させ、情報を共有できるようにした。

Microsoft Word

　栽培の振り返りレポートの作成を行った。実際の活動を行う前と後で生徒の考えがどのように変化したかを把握できるよう、目標を達成するために計画を変更すべきだと感じた点があればWordのコメント機能を活用し、そのように考えた理由を注釈として記入させるようにした。

3. 本題材の展開

時数	おもな学習活動	ICT活用
1〜2	B（1）生活や社会を支える生物育成の技術 ・作物、動物、水産生物がどのように育てられているかを調べ、問題解決の工夫について考える。	Teams 教員がファイルに保存した動画資料を確認する。－①
3〜16	B（2）生物育成の技術による問題解決 ・解決する問題を見つけ、課題を設定する。 ・設定した課題に基づき、ホウレンソウの育成計画を考える。 ・育成計画を基に、ホウレンソウの栽培を行う。 ・自らの課題解決を振り返り、改善策や修正案を考える。	TPCカメラ 植物の様子、行った管理作業を写真に記録する。－② Word ホウレンソウ栽培の修正案を作成する。最初の計画から変更した点は、コメント機能で理由を載せる。－③・④
17〜18	B（3）社会の発展と生物育成の技術 ・生物育成の技術が利用されている最新技術について調べ、複数の視点から評価し、生物育成の技術の今後のあり方について考えていく。	Teams 各自が保存したレポートをTPC上で共有しながら意見交換を行う。

4．授業の実際

　Teams を活用し、活動に生かせる資料を状況に応じて細かく配信できたことで、学んだ知識を復習しながら活動を進めたり、疑問に思ったことや課題の解決策を自ら積極的に調べたりする姿が多く見られるようになった。特に、日々変化する気象情報を細かく共有し、状況に応じてその都度今後の作業予定を検討できたことで、環境に合わせた適切な技術の管理・運用のあり方についても深く考えられるようになった。また、各自が作成したレポートや活動の途中経過などもオンライン上で共有したことで、班内だけではなく、クラス全体や他クラスとの情報の共有も容易に行えるようになり、自らの考えをさらに広げながら課題解決に取り組むことができた。

　自らの課題解決を振り返り、改善策や修正案を考える場面では、Word のコメント機能を活用しながら振り返りレポートの作成（計画の練り直し）を行った。最初の計画から変更した箇所の理由をコメント機能を使い目立たせるようにしたことで、実際の課題解決を通し、自らの考えがどのように変容したかを生徒自身が自覚しやすくなった。

①作物や水産生物の栽培、動物の飼育動画共有画面

②作業を写真で記録している様子

③記録を基に修正案を作成している様子

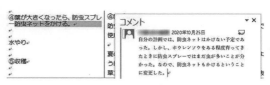

④計画を修正した理由の記入例

5．さらなる活用に向けて

　今回 Word のコメント機能を活用したが、この機能はコメントに対して他の人が返信することもできる。今後は、書かれた内容に関してお互いの意見を交流する際に活用したり、教員が直接内容に対してコメントしたりするなど、生徒がより多くの考えに触れながら学習を進められるような活用方法をさらに探っていきたい。

2年 技術 分野
C エネルギー変換の技術
製作品の構想

1．本時について

　本時は、題材「学校生活の問題を解決する、エネルギーを有効活用した製品を提案しよう」の１授業で、それぞれの班で立てた課題を解決する製品の構想を発表していく。多くの人から意見をもらうことで、より幅広い側面から自分たちの構想を見直し、修正を行っていけるようにする。修正案を考える際には、使用する場面や使用者など製品を作る目的を振り返らせ、もらった意見のどれを採用するかをしっかりと吟味させていく。

2．活用するTPCの機能・ソフトウェア・コンテンツなど

Microsoft SharePoint

　班ごとに作成したフォルダに、製作した製品の写真や動画を保存しておくことで、他の班や他クラスの生徒が考えている内容も共有できるようにする。また、昨年度保存されたデータもフォルダに入れておくことで、学年を超えた共有もできるようにする。

3．本時の展開

時間	おもな学習活動	ICT 活用
導入 5分	・発表会の目的、活動の流れを確認する。	IWB 活動の目的・流れを確認。
展開 40分	・構想発表会を行う。 （コメントカードを記入する。） ・修正案を検討する。	TPC 記録しておいた製品や使用する場所の写真、動画を使って発表。－①・② IWB 活動の流れ、コメントカードの記入事項を映す。 SharePoint 他の班や他クラスの構想を共有。先輩が考えた構想を例として見る。－③
まとめ 5分	・本時の振り返りをする。	

4．授業の実際

　発表の際に、製品や使用する場所の実際の写真や動画を活用したことで、製品に対するより具体的な意見交換が活発に行われていた。生徒の中には、TPC のイラスト作成アプリを活用し、イメージをイラストにしながら説明したり、その場でイラストを修正しながらアイデアを共有したりしている班もあった。

　修正案を考える際には、発表を聞いて参考にできそうな他の班の構想を、SharePoint に保存されているデータから開いて共有しているような姿も見られた。言葉だけではイメージしにくいものも、写真や動画があることでより具体的なイメージをもつことができ、各班活発な話合いを行うことができていた。

①他の班と構想を共有している様子

②実際に使われている製品の動画を見て修正案を検討している様子

ドキュメント > 08. 技術 > エネルギー変換 > 製品構想 > A組

名前 ∨	更新日時 ∨	更新者 ∨	A組 ∨
10班.jpg	約1分前	T18 教員 佐々木	
11班.jpg	約1分前	T18 教員 佐々木	
1班.jpg	約1分前	T18 教員 佐々木	
2A12班.jpg	約1分前	T18 教員 佐々木	
2班.png	約1分前	T18 教員 佐々木	
3班.jpg	約1分前	T18 教員 佐々木	
3班成功.jpg	約1分前	T18 教員 佐々木	

③ SharePoint に班ごとにデータを保存

5．さらなる活用に向けて

　写真や動画を見ることで、より具体的な場面をイメージした話合い活動を行うことができた。しかし、クラウド上からデータを開く際に時間がかかってしまい、話合いの時間があまりとれていない班も見られた。また、どういう写真や動画を記録しておくと今後の活動につながっていくか、教師側から説明することも必要だと感じた。

　クラウド上のデータは、生徒のどの TPC からでも24時間開くことができるので、データを扱う際のモラルやセキュリティーについては、様々な場面で話をしていかなければならないと思われる。

1年 家庭分野

おいしい！を解き明かそう

1．題材について

　1時間目は、題材を貫く課題である「おいしいはどこからくる？」について今の考えをワークシートに記入する。その後、小学校で学習した「ゆでる、いためる」に加え、「煮る、焼く、蒸す」についても学習する。2～3時間目は、さつまいもを「煮る、焼く、蒸す」の方法で調理し、調理の仕方によってどのような違いがあるのか、考えさせる。4～7時間目は、班ごとに食材（肉、魚、キャベツ、かぼちゃ、ブロッコリー、にんじん）を割り当て、「おいしく食べるための加熱調理の仕方」を調査して調理し、その結果を共有する。8時間目は、改めて題材を貫く問いについて考え、今の自分にできることを考えさせていく。

2．活用する TPC の機能・ソフトウェア・コンテンツなど

IWB

　調理方法を学習する際や、生徒の考えをクラスで共有する際に、IWB を使用した。また、ジグソー学習をする際に、食材の担当や移動場所などを提示した。

TPC

　個人でどのような調理方法があるのかについての調べ学習や、グループ内でのプレゼンテーション作成に使用した。個人やグループで調べてわかったことをパワーポイントにまとめさせ、主体的に学習ができることをねらいとして使用した。

3．本題材の展開

時数	おもな学習活動	ICT 活用
1	・題材を貫く課題について考えた後、調理室の調理器具を用いて、様々な加熱調理の仕方について学習する。	IWB（教師が使用）
2～3	・「さつまいもの『おいしい』を解き明かそう」の調理計画・実習を行う。	IWB（教師が使用）
4～7	・班ごとに割り当てられた食材の「おいしく食べるための調理の仕方」を TPC で調べ、調理実習を行う。 ・結果を基に、「食材のおいしさを引き出す加熱調理の一品」を提案し、PowerPoint でスライドにまとめる。 ・解き明かした「おいしい」について、わかったことや考えたことを、ジグソー学習を用いて交流する。	IWB（教師が使用） TPC インターネットによる調べ学習、写真撮影、PowerPoint でプレゼンテーション。 −①～④
8	・貫く問いについて改めて考え、今の自分にできることを考える。	IWB（教師が使用）

４．授業の実際

　食材をおいしくするための調理方法を調査する際、書籍だけでは足りない情報について、インターネットを用いて調べている様子が見られた。班ごとに PowerPoint でスライドを作成する場面では、班ごとにオンライン上で情報を共有しながら担当のスライドを作成し、時間を有効に活用することができた。調査したことで実際に調理してみて感じたことを、調理実習の際に撮影した写真などを用いてスライドを作成することができていた。発表では、本校の TOFY の学習を生かして、相手意識を持ちながら発表する姿が見られた。

①班で調理方法を調査している様子

②班ごとにスライドを作成している様子

③生徒が作成したスライド

④まとめた情報を共有している様子

５．さらなる活用に向けて

　生徒は TPC を活用することで、インターネットからより多くの情報を得られたり、PowerPoint を活用できたりと、意欲的に学習に取り組んでいた。また、４人班で情報を共有しながら作成したスライドを用いることで、一人一人が自信をもって発表することができていた。
　PowerPoint を使用する際、見やすい色づかいや主張したいことの趣旨を効率よくまとめるなど、注意点を事前に指導しておきたい。今後もこのような活動を繰り返し行っていくことで、よりよい発表になっていくと考える。

FyGs をつくろう

1．題材について

　現在、地球温暖化が及ぼす環境問題が世界的な課題となっており、今後の社会のあり方を問うようなニュースを耳にする機会が増えた。このような課題を自分事として捉え、持続可能な社会の構築に向けて自分にできることを考え、実践できる力を身に付けさせるために、「FyGs をつくろう」という課題を軸に授業を進める。FyGs とは、国連サミットで採択された SDGs をさらに具体的にしたもので、「附属横浜中学校のゴール」という意味である。生徒自身が生活を見直して課題を見つけ、解決するために計画を立て、実践して評価したものや、自分たちにできると思ったものをクラスでまとめ、FyGs をつくり上げていく。

2．活用する TPC の機能・ソフトウェア・コンテンツなど

Microsoft Teams

　教師が SDGs の17色の「葉」を Teams のファイルに入れ、生徒は自分の実践に近い色の「葉」を選んでダウンロードした。

ペイント

　ダウンロードした「葉」に実践の内容を入れて図にするために使用した。

Microsoft SharePoint

　クラス全員でファイルを共有しながら、FyGs の「木」をつくり上げるために使用した。

3．本題材の展開

時数	おもな学習活動	ICT 活用
1〜3	・環境問題の解決に向けて、自分たちにできることを考え、今までの環境に関わる学習を振り返る。 ・出前講座の学びを生かして、自分や家族の消費行動や生活を見直し、課題を見つける。	IWB（教師が使用） 学習の流れや内容、生徒の記述を共有
4〜5	・3〜4人班で各自の課題を共有し、アドバイスし合いながら課題を整理する。 ・自分が解決していく課題を決定し、どのように実践するのか、具体的に計画を立て、実践を行う。	IWB（教師が使用） 生徒の記述の写真を撮って共有
6	・実践したことをクラスの仲間と共有する。 ・個人で考えたり実践したりしてきたことを一枚の「葉」にまとめ、その「葉」を持ち寄ってクラスで一つの大きな「木」をつくり、FyGs をつくり上げる。 ・改めて、環境問題の解決に向けて自分たちにできることを考え、ワークシートに記入する。	IWB（教師が使用） SharePoint の画面をクラスで共有 Teams、ペイント 画像の編集−① SharePoint ファイルを共有−②・③

４．授業の実際

　第６時のはじめに、個人の実践内容を共有し、自分の実践が SDGs の何番の内容に近いのか、どのような思いを込めるのかを考えた。「エコバッグを使って未来の地球環境を守ろう」や「いらなくなった服は捨てないで自分で再利用しよう」、「期限までに食品を使い切って、手つかずの食品を減らそう」などの言葉が挙げられた。自分が実践で行ったことを、みんなで行っていけるような内容にまとめることができていた。その後、Teams に入っている17色の葉っぱの画像から、自分が使う色の葉っぱをダウンロードした。ペイントを活用して自分の思いを言葉にして入力し、画像として保存した。その葉っぱを SharePoint で共有し、クラスごとに木をつくり上げていった。SharePoint を用いることで、クラス全員で「木」をつくり上げていることを実感しているようであった。

①作成の様子

②FyGs を廊下に掲示している様子

③出来上がった FyGs

５．さらなる活用に向けて

　ICT を活用して FyGs を作成したことで、複数の場所に掲示することができたり、学校だよりに載せてもらうことができたりと、多くの場面で発信することができるようになった。

　ペイントは初めて使ったため、少し手間取る生徒も見られた。他教科でも活用している ICT も多くあるが、初めての際には丁寧な指導や協働的な学習形態を心がけたいと改めて感じた。今後も様々な場面で ICT を効果的に活用できるよう、題材構成を工夫していきたい。

町紹介

1．単元について

　本単元の目標は、「日常的な話題について、事実や自分の考え、気持ちなどを整理し、簡単な語句や文を用いてまとまりのある内容を話すことができるようになる」ことである。話し手として伝えたい内容や順序、聞き手に分かりやすい展開や構成などを考えたり、事実と考えを分けて整理したりするなど、話す内容を大まかな流れにしてコミュニケーションの見通しを立てることが必要となる。

　そこで、「近所に引っ越してきた外国の方に、あなたが住む町のよいところを紹介しよう」という課題を設定した。自分自身の住んでいる場所をテーマとすることで、課題を自分事として考えられるようにするためである。自分の町にはどのような場所があるのかという事実だけでなく、その中でも特に紹介したいものについて自分の考えや気持ちを発表させることで、内容をより深いものにすることを目指した。また相手に伝わりやすい発表とするための一つの手段として、TPC を活用して補助資料の作成を行った。

2．活用する TPC の機能・ソフトウェア・コンテンツなど

IWB

　本時の流れや学習課題の確認のため、IWB を使用した。

Microsoft PowerPoint

　町紹介での発表の補助資料作成及び発表に、PowerPoint を使用した。

3．本単元の展開

時数	おもな学習活動	ICT 活用
1～2	・学校周辺のよいところを考える。 ・ブレインストーミングでアイデアを出し、身近な例を用いて、場所を表す表現を確認する。	IWB 場所を表す表現の使い方を学級全体で共有する。－①
3～5	・課題【町内の交流会で出会った近所に引っ越してきた外国の方に、あなたが住む町のよいところを紹介しよう】に対し、各自でマッピングを活用しながら、発表原稿を考える。 ・ペアでの発表及び振り返りをする。	IWB 学習課題を提示する。 TPC 発表時の補助資料として PowerPoint でスライドを作成する。－②
6	・グループ内で発表する。 ・単元全体の振り返りをする。	TPC 作成したスライドを見せながら発表する。－③

4. 授業の実際

　町紹介の発表原稿作成は紙ベースで行い、補助資料として Power Point でスライドを作成するように働きかけた。画像を示したり、強調した語を入れたり、生徒たちは工夫をしながら発表の準備を進めていた。単元末のグループでの発表後の振り返りでは、「写真やイラストなど補助資料があったため、言葉だけでの発表よりもイメージがわきやすく、興味をもつことができた。」という意見が多く挙がった。1 年生という段階で、文字を多く使った英文でのスライド作成は難しいが、写真やイラスト、キーワードをまとめる程度であれば、問題なく行えると感じた。

　また、発表原稿を作成する段階でも、辞書の代わりとして知りたい言葉を検索するためにTPC を活用する生徒の姿も見られた。

① IWB で示したスライドの例

②原稿を見直しながら、補助資料を作成する様子

③グループでの発表の様子

5. さらなる活用に向けて

　英語での発表における補助資料を作成するために、Power Point を活用することは効果的であり、今後も必要に応じて活動に取り入れられるものであると感じた。ただしあくまでも英語での発表・やり取りが大切であるため、それを踏まえた上で活用することを意識させるようにしたい。今回の単元では Power Point を使ったが、英文でのレポートや新聞記事の作成で Word を活用するなど、その他のことにおいても効果的な ICT の活用について考えながら取り組んでいきたい。

1年英語

即興的なやり取り

1．単元について

　本単元では、関心のある事柄について、簡単な語句や文を用いて即興で伝え合うことができるようにすることを目指し、条件や設定に合うように相手の意見をよく聞いて、休日の計画について話し合う活動を行う。やり取りする場面を複数回設定し、実践と録音した音声を活用した振り返りを繰り返しながら、表現の幅を広げる。

　また対話の方法については、生徒にとって携帯電話や Teams の使用が一般的になってきているため、電話での会話と直接顔を合わせての会話に加えて、Teams 上での文字での会話にも取り組ませる。3つの手段を比較させることで「表情や声色、ジェスチャーなどの言語外表現の有用性」など、対面での会話で意識すべきことに気付きやすくなり、やり取りする力の育成につながると考えた。

2．活用する TPC の機能・ソフトウェア・コンテンツなど

ボイスレコーダー

　ペアでやり取りした音声を録音し、振り返りをする際に内容を聞き直しながら、使用できた表現や課題を確認することに役立てた。

Microsoft Teams

　ボイスレコーダーで録音したパフォーマンス課題の音源を提出する際に使用した。また、音声を伴ったやり取りと比較するために、メッセージの投稿と返信機能を使って、文字でのやり取りを行った。

3．本単元の展開

時数	おもな学習活動	ICT 活用
1～2	・教科書「Skit Time 2 電話」のやり取りを確認し、最後の応答に続くやり取りを考え、実践する。 ・放課後の買い出しの計画について話し合う。	・ボイスレコーダー 録音した音声を聞き直しながら、やり取りを振り返る。－①②
3～5	・ペアで休日の計画を話し合う。	・ボイスレコーダー ・Microsoft Teams 課題として、録音した音声をTeams に提出する。
6～7	・Teams 上で文字のやり取りをしながら、ペアで休日の計画を話し合う。	・Microsoft Teams メッセージを投稿し、ペアごとに文字でのやり取りを行う。－③

４．授業の実際

　１クラスに40人の学級で20ペアが同時にやり取りを行うため、TPC のボイスレコーダーをそのまま使うと周囲の声を拾ってしまい、やり取りしている音声が聞こえづらくなってしまう。そのため、やり取りを録音する際には、ペアに１つイヤホンマイクを配付した。イヤホンマイクを使うことで周囲の雑音がかなり減り、はっきりとした聞き取りやすい音声を得ることができた。また録音した音声をペアで聞き直す際にも、イヤホンを片耳ずつ使用しながら聞くことで、静かな環境で落ち着いて音声の確認をすることができた。

　６〜７時間目に行った文字でのやり取りについては、Teams の各クラスのチーム上に新しくチャネルを作成し、その中でやり取りさせた。即座に答えが返ってくる音声でのやり取りと比べ、文字を入力する時間の分だけ時間がかかってしまうことを感じながらも、やり取りを楽しむ生徒の姿が見られた。

①やり取りする音声を録音する様子

②ペアで録音した音声を聞き直す様子

③ Teams 上でのやり取り

５．さらなる活用に向けて

　ペアでのやり取りを録音することは、即興でのやり取りを振り返る手段として有効だと感じた。今回はイヤホンマイクを使用して録音することで、音を拾うマイク部分をペアで交互に渡して話すという場面が多く見られた。しかし、実際のコミュニケーションを考えると必ずしも交互に話すとは限らないため、マイクのやり取りなく自由に話せるようなやり方を考える必要がある。

[2]年[英][語]

議論型の言語活動

1．本時について

　2学年の宿泊行事である農村体験学習に関連した、「私たちは将来田舎に住むべきだ」というトピックについて議論する。前時にはすでに同じトピックについて互いに意見を述べ合う活動を行ったが、本時は肯定意見や否定意見を述べるだけでなく、それらに対する反対意見を述べることを目標とする。

2．活用する TPC の機能・ソフトウェア・コンテンツなど

C-Learning

　授業の導入で、議論に向かう動機付けのために、「このクラスでは、都会派と田舎派はそれぞれ何％ずつになると思う？」と生徒に投げかけ、グループで予想させた。その後、授業の本題である英語での議論を挟み、授業の終わりの場面で TPC とオンラインのアンケートサービス（C-Learning）を利用し、ａ．自分が都会と田舎どちらを選ぶか、ｂ．その理由、の 2 点について回答させ、授業の導入での質問に対する答え合わせ（それぞれ何％か）をするとともに、それぞれの生徒が英語で入力した理由の記述を共有した。

3．本時の展開

時間	おもな学習活動	ICT 活用
導入 5分	このクラスでは、都会派と田舎派はそれぞれ何％ずつになると思うか、グループで予想する。	
展開 35分	必要となる英語表現を紹介しながら、「私たちは将来田舎に住むべきだ」というトピックに対する肯定意見とそれに対する反対意見、否定意見とそれに対する反対意見についてグループで考え、発表する。	
まとめ 10分	・ａ．自分が都会と田舎どちらを選ぶか、ｂ．その理由、の 2 点について回答する。 ・他の生徒の入力した理由の記述を見ることで、他者の意見や様々な英語表現に触れる。	・C-Learning 他の生徒の回答を確認し、意見を比較したり、英語表現を確認したりする。－①〜③

4．授業の実際

①自分の意見を入力している様子

②TPCで他の生徒の意見を読んでいる様子

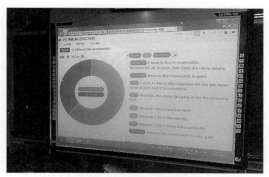
③集計結果と理由の記述が表示されている様子

　生徒の意見をリアルタイムで集計・共有できるサービスを活用することは、授業の導入で予想を立てる際の対象を生徒たち自身とすることができたため、授業の本題である英語での議論に向けた動機付けとして効果的に働いた。授業のまとめの場面で、クラス全員の意見を共有することができたため、多様な意見に触れるとともに、他者の記述からよりよい英語表現を学ぶことができた。さらに、生徒の回答を見返すにあたって、それぞれの意見をプリントで回収するのと違い、一つの画面上で全員の記述を見ることができたため、次時の授業準備の効率化にもつながった。

5．さらなる活用に向けて

　TPCを開かせると教師の指示が通りづらくなるので、TPCを使用し課題に取り組む時間と、TPCを使用してはいけない時間を明確に区別して指示を出す必要がある。また、英語力や思考のスピードだけでなく、生徒のタイピングのスピードにも差があったため、入力のための時間をどのくらい取るべきかを再考する必要があると感じた。

Kahoot! を使った既習事項の復習

1．本時について

　単元の最終課題を終了した後に、それまでに学習した内容を復習する。特に、教材の中で新出の単語や文について、使い方や意味を理解しているかを英語の質問文に答える形で確認する。

2．活用する TPC の機能・ソフトウェア・コンテンツなど

Kahoot!

　Kahoot! は、ゲームやクイズを通して学習するための無料のソフトウェアであり、アプリケーションをダウンロードするか、インターネット上でアクセスすることで使用できる。ウェブサイト上にはオープンで使用できるクイズゲームもあるが、本実践では、教師が教材をもとにしてクイズを作成する。クラス全員が Kahoot! にアクセスし、教師が提示した PIN コードを入力すると、最大50人までが同じクイズに参加できる。クイズと選択肢は教室のスクリーンに映し出され、生徒機でパネルにタッチして解答する。制限時間内に早押しの形で競争し、その速さと正答によりポイントが加算される。最終問題の後、ランキングが提示される他、１問ごとにポイントが急上昇した生徒の名前が表示されて称えられる。

3．本時の展開

時間	おもな学習活動	ICT 活用
導入	・教師が説明する最近のニュースの紹介を聞く。 ・歌を歌う。 ・トピックに沿って、３分間英語で会話する。	IWB ニュースサイトを見せる。 スクリーンに歌詞を投影する。 タイマーを表示する。
展開	・教科書の内容を簡単に復習する。 ・Kahoot! を使って、既習事項を復習する。	IWB デジタル教科書を投影する。 TPC Kahoot! にアクセスし、教員機で PIN コードを IWB に表示し、生徒はそれを入力する。指示に沿って解答していく。 －①～④
まとめ	・Kahoot! で間違えた問題を再確認する。 ・課題や次回の確認をする。	

4．授業の実際

　Warm-up での ICT 利用は、毎回の授業で行っている。英語のウェブサイトでニュースを確認することにおいては、生徒たちが教科書では学べない表現を知ることができる。また、英語の歌を歌う活動では、歌詞をスクリーンに映すことで生徒たちは顔を上げて、文字と発音をつなげて歌う様子が見られる。

　Kahoot! の活用は今回が初めてであったが、海外では授業や研修で使用されており、本校の生徒たちもきっと夢中になるだろうという確信があった。ウェブ上でのクイズの作成も、生徒たちが解答する流れも、難しいシステムではないので理解しやすかった。生徒たちは早押しに焦り、素早く英語の質問を読んだり、選択肢を確認したりする必要があったが、良いトレーニングになると感じた。程よい競争要素があり既習事項を楽しく確認できるので、英語が苦手な生徒が学習に興味を持つ点において、よい契機となった。

①画面に問題と選択肢が表示される

②設定された制限時間内に生徒機で解答

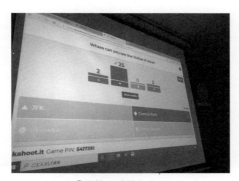

③正答の確認をする

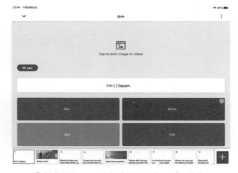

④教師用クイズ作成画面（アプリ版）

5．さらなる活用に向けて

　生徒は大いに楽しみ、瞬間的に集中して英語を判断しようとしていた。しかし、1問解答するごとに生徒たちが盛り上がりすぎてしまい、「なぜそれが正答なのか」を落ち着いて確認することが難しくなってしまった。今後、定期的に使用することで慣れさせて、復習の活動として機能させたい。また、復習として全正解するまで問題に再チャレンジするシステムや、宿題として締め切りまでに生徒たちがアクセスして解答するシステムがあるので、今後実践し、生徒の復習活動を深めていきたい。

3年 英語

ディベート

1．本時について

　生徒たちは毎時間ペアでミニディベートを行っており、インターネットで根拠のある資料を収集して話すことの重要性を理解している。また、ALT の授業では、クラス全体でのディベート活動を行っている。本時は、"Death Penalty should be abolished." というトピックについて、根拠を示しながら自分の考えを伝えることを目的とした。クラス全体を肯定派と否定派に分けて、ディベートをした。

2．活用する TPC の機能・ソフトウェア・コンテンツなど

K-TIMER

　スクリーンにタイマーを表示できる。数字が大きく見やすいだけでなく、開始音や終了音を鳴らすことができる。

英辞郎［第11版］辞書データ Ver.159［2020年1月8日版］

　アルクが出版している英辞郎データを DVD-ROM からインストールした辞書である。英和と和英の両方で検索できる。表示される部分は紙の辞書と同様に、前後の単語や例文も見ることができる。例文が多岐にわたり、単語を使用する場面や方法について知ることができる。

3．本時の展開

時間	おもな学習活動	ICT 活用
導入	・あいさつをする。 ・歌を歌う。	・スクリーンに歌詞を表示する。
展開	・ディベートトピックを確認する。 ・肯定派と否定派を決定する。 ・インターネットを用いてエビデンスとなる情報を検索しながら、自分の意見をまとめる。 ・肯定派から意見を述べる。 ・否定派は肯定派が述べた内容に対抗するための情報を得る。④ ・否定派が肯定派の意見に対して、エビデンスを提示して反対する。 ・否定派の意見を述べる。 ・肯定派が反対するための情報を得る。④ ・肯定派が反対意見を述べる。	・インターネットで検索する。 ・タイマーを表示する。① ・インターネットで検索する。 ・難解な単語などをスクリーンに表示する。② ・インターネットで検索する。③

４．授業の実際

　黒板も使用するため、スクリーンはすべて下ろさずに表示をしているが、タイマー（①）や辞書データ（②）は問題なく表示できる。一人の生徒が検索して理解した単語でも、他の生徒が理解していない場合があるため、本時では字幕のようにJTE（Japanese Teacher of English）がタイミングを見て表示した。インターネットを使用して情報を得る際には（③）、日本語だけではなく、英語のウェブサイトを参考にしている生徒もよくいた。理由を問うと、「どの単語をどう使うのかが分かるから」と述べていた。「日本語から英語にするより早いから」という生徒もいた。同じチームの仲間同士では、手分けをして効率よく情報収集をする様子が見られた。（④）

①タイマーの表示

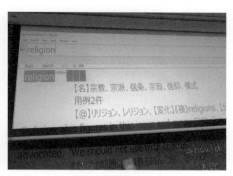

②辞書データの表示

③インターネットで情報収集する様子

④同じチームで反駁する情報を調べる様子

５．さらなる活用に向けて

　ICTを活用するために英語での活動を行うのではなく、活動を行う上で必要な場面で自然に、適切に活用したい。特に、英語を用いての情報収集については、これまでの様々な取組を通して生徒に重要性が伝わるようにしてきた。本時では、英語で検索することについては全く触れなかったが、自主的に英語で検索する生徒がいた。また、辞書データについても、普段の授業で頻繁に用いて表示し、どの単語を使用するのが適切か、生徒に考えさせて言語感覚を磨くようにしている。長期間かけて取り組んできているが、上記のように取り組める生徒は多くはない。ICTの活用を通して、引き続き批判的思考力を育てることが重要な課題だと考える。

2年 総合的な学習の時間
情報の収集、整理・分析

1．学習について

　今回改訂された「学習指導要領」において、総合的な学習の時間は「探究的な学習」であることが明確化され、そのために「課題の設定」「情報の収集」「整理・分析」「まとめ・表現」の4つの探究過程に沿って、それぞれの学習活動を進めることの大切さが指摘されている。

　本校では総合的な学習の時間において探究的な学習を本格的に行うのは2年生からである。夏休み前までに自らの研究テーマを設定し、夏休み明けから文献調査等で情報を集め、集めた情報を整理し分析する。2年生の3月にはそれまでの成果をまとめ、中間発表を行う。その後さらに研究を進め、3年生の7月に最終的な研究成果を発表する。本稿では、2年生の「情報の収集」「整理・分析」における学習過程でのICTの活用について述べていきたい。

2．活用するTPCの機能・ソフトウェア・コンテンツなど

Microsoft Forms

　アンケートの作成・実施に使用する。作成者はTPCを使用してアンケートの作成・実施を行うことで印刷や配付などの労力の節約ができ、回答者は好きなタイミングで回答することができる。また、集計も短時間に正確に行うことができ、情報の整理・分析に時間をかけられる。

Microsoft One Note

　収集した情報を蓄積する際ノート代わりに使用する。書籍や実験など、項目を立て内容を細かく分けて記録できたり、写真や画像などを貼り付けて保存したりすることが可能である。

Microsoft Power Point

　プレゼンテーションの資料を作成する時にも使用するが、今回は収集した情報を視覚的にわかりやすく整理・分析する時に活用した。

3．学習の展開

	おもな学習活動	ICT活用
情報の収集	・書籍やインターネット等で文献調査を行い、情報の収集を行う。 ・文献調査から得た知見を基に実験やアンケート、インタビュー調査を行い、情報の収集を行う。	TPC ・インターネットで情報を収集する。 ・Formsを活用し、アンケートを行う。－① ・One Noteで情報を蓄積する。－②
整理・分析	・集めた情報を整理し、分析する。	TPC ・Power Pointで収集した情報の整理・分析を行う。－③

４．授業の実際

　書籍やインターネット、アンケートやインタビューなど様々な手段で情報を集め蓄積し、その情報を整理・分析していった。ICT を活用しインターネットで情報を集めることはもちろん、多くの生徒がアンケートの作成に ICT を活用していた。Forms を使用しアンケートを行うことでアンケートの実施・集計が容易になる。回答する側は自身の TPC を使用し、場所や時間を問わず回答できる。作成する側はデジタルデータで情報が集まることで容易かつ正確な集計ができる。情報を蓄積する際にも紙のノートに書くだけでなく、One Note を活用し、情報をデジタル化して残す姿が見られるようになっている。「セクション」機能や「ページ」機能を使い、項目に分けて書いたり、情報を書き足すために任意のページを増やしたりして情報を蓄積するなど ICT を効果的に活用していた。情報を整理分析する際には、Power Point を使用し、視覚的にわかりやすく行う生徒も見られた。

① Forms で作成したアンケート

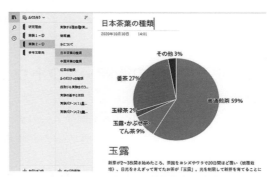

② One Note デジタル化した情報の蓄積

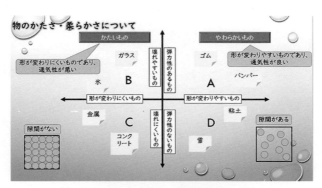

③ Power Point 収集した情報の整理・分析

５．さらなる活用に向けて

　ICT を活用することで収集した多くの情報を蓄積したり、動画や写真、図や表といった視覚的な資料を保存することが容易にできたりするようになる。一方、多くの情報を簡単に保存できることと、視覚的にわかりやすい情報が集められることで、収集した情報量が多くなり自分の研究にとってどの情報が必要かを判断したり、見た目に惑わされその情報の質を批判的に考えたりすることに難しさがあった。ICT をやみくもに使うのではなく、状況に応じて使い分ける力を付けることも大切である。

3年 総合的な学習の時間

まとめ・表現

1．学習について

　まとめ・表現は、提言を行うために意識している「受信→熟考→発信」のプロセスにおける発信に当たり、生徒自らが抱く疑問を基に設定したテーマに関する発表を行う段階である。総合的な学習の時間の集大成である成果発表会における3年生の役割の一つに、後輩の研究の手本になることがあり、限られた10分という発表時間の中で創意工夫を行いながら発表をすることとなる。発表に向けた準備を行う中で新たな疑問の発見、調査の不備や、知識の整理の必要性に気付くことも多く、発表にスライドを用いることで容易に修正、保存ができるため、ICT を活用するメリットは大きい。

2．活用する TPC の機能・ソフトウェア・コンテンツなど

Microsoft Power Point

　発表用のスライドの作成を行う。中間発表会のデータを活用したり、容易にデータを修正したり、発表のシミュレーションを行いやすかったりするメリットがある。

Microsoft Stream

　発表に使ったスライドに音声を入れて保存し、Microsoft Stream にアップロードする。成果発表会で参観できなかった発表を、いつでも、何度でも、誰の発表でも視聴することができる。

3．学習の展開

	おもな学習活動	ICT 活用
まとめ 表現	・成果発表会に向けてプレゼンテーションの準備を行う。	TPC Power Point で、発表用のスライド作成を行う。
成果 発表会	・研究の成果を保護者や1、2年生へ発表する。	TPC Power Point で作成したスライドで発表を行う。－①
発表後	・発表したスライドに音声を加え、Microsoft Stream にアップロードする	TPC スライドに音声を入れたデータを Stream 保存する。－②③

４．授業の実際

　探究のプロセスに沿って自分の研究の成果を10分程度のスライドにまとめ、成果発表会で発表を行った。成果発表会の役割として、次年度以降の１、２年生の研究の参考とすることを一つのねらいとしているが、時間や場所の制約から参観できる発表の数は限られる。そこで、PowerPoint のスライドに音声をのせて、Microsoft Stream に保存させた。スライドを動画化する過程は他教科でも実践しており、また発表会のスライドをそのまま用いることから、生徒に過剰な負担を強いることなく取り組ませることができた。１年間と期間を限定した配信であることや、音声のみの配信であることにより、生徒のプライバシーを守りつつ表現活動を行うことができると考える。また、１、２年生はいつでも TPC で発表を繰り返し再生することができるため、自分の研究に関連するテーマの手本として授業内での活用が期待できる。

①成果発表会の様子

② Microsoft Stream に保存された動画一覧

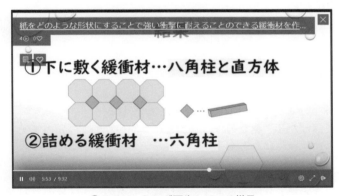
③ストリーミング再生している様子

５．さらなる活用に向けて

　ICT を活用することで、時間的な制約を乗り越えて発表見学を行うことができる点では、有益な取組であった。一方、投稿者にとっては発表のフィードバックがないことや、身振り手振りを使ったプレゼンテーションができないことから、研究のニュアンスが伝わりにくくなってしまうという苦労も見られた。さらなる活用に向け、視聴者の意見が投稿者に伝えらえるような工夫、生徒の成果物を保護しながら後輩の研究の助けとなるような動画の扱い方を模索していく必要がある。

2年 道徳

あいさつ

1．本時について

　本時は、新しい道徳「あいさつ」という題材を基に、「あいさつや礼儀について考える」を目標として設定した。

　本時はオンラインを活用した授業の構成となっている。オンライン上でも道徳の授業において大切な意見の交換ができるように工夫した。

2．活用するTPCの機能・ソフトウェア・コンテンツなど

Microsoft PowerPoint

　道徳の流れや目的について示したパワーポイントをTeamsに投稿し、生徒はそれを見ながら道徳の学習に取り組む。

Microsoft Teams

　Teamsに本時用のチャネルを作り、生徒はそのチャネル内で自分の考えを投稿したり、他者の考えを見たりすることができる。

3．本時の展開

	おもな学習活動	ICT活用
導入	・本時の目標について確認する。 ・道徳の教科書「あいさつ」を黙読する。	Microsoft PowerPoint 道徳の流れや目的について確認する。－①
展開	・ポートフォリオの最初の自分の考えの欄に、「あいさつや礼儀はなぜ必要なのだろう」という問いについて考えたことを記入する。 ・「最初の自分の考え」に書いたことを、Teamsに投稿する。 ・お互いの考えがより深まるように、投稿したものについて「返信」して交流する。 ・自分に返信されたコメントや他の人の投稿を読み、ポートフォリオの「印象に残った友だちの考え」に記入する。	TPC 自分の考えを書き込んだり、他者の考えに返信したりして意見を交換する。 Microsoft Teams 自分の意見を投稿したり、他の人の意見を見たりする。 －②・③
まとめ	・本時の授業を今後どのように生かしていきたいか、最初の考えから変わったことなどをポートフォリオの「授業後の自分の考え」に記入する。	

４．授業の実際

　道徳の授業をする前に、本時の PowerPoint を作成し、各クラスの Teams に投稿した。生徒は PowerPoint を見ながら、道徳の学習における本時の目標を確認して学習することができていた。

　自分の意見を投稿したり、他の人の意見を読んで返信したりすることを通して、生徒は改めて「あいさつや礼儀」について考えることができていた。オンライン上での交流は、班を飛び越えて多くの人の意見に触れることができるため、考えを深めるのに効果的だった。

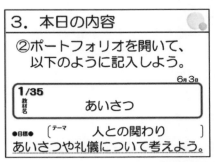 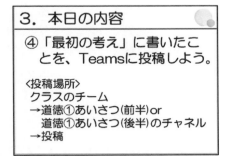

①道徳の流れや目的について確認する場面

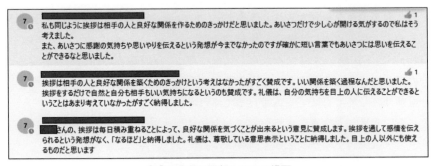

②自分の意見を投稿している場面

②の意見に返信している場面

５．さらなる活用に向けて

　オンライン上で展開することで、多くの人の意見に触れることができ、考えを深めることにつながった。しかし、交流という面においては、一回かぎりの返信で終わってしまっている場面も多く、活発な交流とまではいかなかったように感じる。意見を読んで考えたことや疑問点について、さらに双方向でのやりとりが活発になるように、互いにメンションさせるなどの工夫があると良いと感じた。

２年 道徳

我、ここに生きる

１．本時について

　本時は、新しい道徳「我、ここに生きる」を題材に、勤労について考える学習であり、「勤労の尊さや意義について考えよう」を目標として設定した。

　教材については、札幌での開業を夢見る医師が、霧多布にある村の古い病院への勤務を命じられ、誠実な働きぶりに村人たちは感心し、任期を延長される。自分のやりたいことを貫くか、自分を頼りにしてくれる人たちのもとに残るか、医師の立場になって生徒に考えさせる。医師が葛藤する姿を通して、「働くとは、どのようなことだろうか」、「自分が働く際に大切にしたいことは何か」について考えていく。

２．活用するTPCの機能・ソフトウェア・コンテンツなど

プロジェクター

　プロジェクターを用いて、学習の流れやテーマ、目標を提示してポートフォリオに記入させたり、学習の問いを提示して考えさせたりした。

３．本時の展開

	おもな学習活動	ICT活用
導入	・最初の自分の考えの欄に、「働く」という言葉からイメージすることについて記入する。	プロジェクター（教師が使用）学習の流れや問いを共有する。
展開	・教科書の『我、ここに生きる』を範読する。 ・「自分が道下医師の立場だったら、札幌に戻る（自分のやりたいことを貫きたい）と霧多布に残る（自分を頼りにしてくれている人を見捨てられない）のどちらの考えか」を考え、班で交流した後に黒板のスケールに磁石を貼り、全体で共有する。 ・「働くとは、どのようなことだろうか」について考える。	プロジェクター（教師が使用）学習の問いを共有する。－②
まとめ	・授業後の自分の考えの欄に、「自分が働く際に大切にしたいこと」について記入する。 ・授業後、ポートフォリオに教師が目を通し、帰学活に何人かの生徒の考えを伝えてクラスで共有する。	プロジェクター（教師が使用）学習の問いを共有する。－③

４．授業の実際

　授業のはじめに学習の目標をスライドで示したり、学習の中で問いを示したりすることで、板書をする時間を短縮することができ、生徒の意見を共有する時間を多くとることができた。①のスライドは生徒が記入する道徳ポートフォリオと同じ形にしており、生徒にとってもわかりやすく、内容によっては目標を後で提示することもできる。

　最初の自分の考えに、「働くという言葉からイメージすること」について考えた際には、「お金をかせぐ」や「社会を支える」、「毎日同じことをしている」という言葉が挙げられた。医師の立場になって考えたことを通して、働くとは「人のために尽くすこと」や「夢に向かって努力すること」などの考えが見られるようになった。授業後の自分の考えには、「自分の幸せと他人の幸せを両立することを考えたい」や「一人で働くことはできないから、仲間とのつながりを大切にしたい」など、授業の冒頭ではなかった視点で考えることができていた。

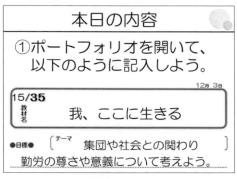

①学習の目標を示したスライド

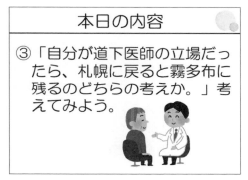

②学習の問いを示したスライド

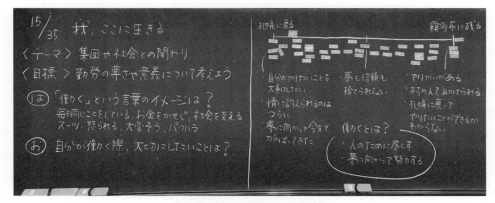

③生徒の考えを可視化させる板書

５．さらなる活用に向けて

　ICT を活用することで時間を確保できたり、生徒にとってわかりやすくなったりする一方で、黒板のスケールに自分の磁石を貼ることで、自分の意見をもって授業に参加でき、自分の考えの変容を自覚化できるというよさもある。ICT と黒板のそれぞれのよさを、適切な場面で活用していくことが大切だと考える。

おわりに

　令和3年9月1日、本校はいつもにない緊張感に包まれていました。緊急事態宣言の延長により、8月末まで生徒の登校を取りやめてオンライン教育相談を実施した後、いよいよその日からライブによる全面オンライン授業を開始したのです。昨年度4、5月の休校期間中にも、教科によってはライブのオンライン授業を試行したことはありましたが、全教科・全学級での展開は初めてのことでした。

　授業開始とともに、私も各授業が行われているweb上の会議室に参加して、その様子を伺いました。生徒たちは遅れずに会議室に入ってくるか、その際には予め指示していた通りにカメラはon、マイクはoffになっているか、画面の背景は変更されているかなどを確認しつつ、出席をとって授業に入っていく教師の声に耳を傾けました。

　さすがに普段からICTを活用して対面授業を展開している本校の教師陣だけあって、非常勤講師も含めてきちんとオンラインの特性を生かした授業を組立て、生徒と共有するスライド等の資料にも工夫を凝らし、設定された授業時間があっという間に過ぎていきました。ただ、生徒の反応がダイレクトに伝わってこないため、やりにくさは大いに感じたようです。ブレイクアウトルームに生徒を分けてグループ協議を行わせても、普段の対面なら活発なやり取りが見られるのに、なかなか話が弾まなくて…という嘆きも聞かれました。

　ほとんどの教師がメインPCとサブの機器を使用して授業を行っていました。サブの機器は生徒と同じ画面を共有し、資料の見え方等を確認するためのモニターとして用意していたのですが、突然メインPCがダウンしてしまい、慌ててサブの機器を駆使して授業を乗り切ったという教師もいました。生徒側でもPCトラブルが発生し、学校に問い合わせをしてくるケースが毎日数件ありました。BYOD環境が整った本校だからこそ、中途半端に対面とオンラインを併用せず全面オンライン授業に踏み切ったのですが、やはり対面授業ができる日常のありがたさを痛感することになりました。

　本書でご紹介している実践事例は、そのほとんどが対面授業の中でのICT活用です。最初から最後まで順番に読み進めていらっしゃる読者は少ないと思いますし、本書のねらいもそこではありません。必要な時に必要な部分をご覧いただき、ご自分の実践のヒントにしていただけたら大変光栄です。ただ、ご自分の教科等とは関係がなさそうなページに実はヒントが潜んでいたということもありますので、お時間のある時にはパラパラとめくってみてください。

　本書中でも多くの教師が語っていますが、ICTの活用は目的ではありません。様々な教育活動における個別の目標を達成していくための道具であり、それを使いこなす技術を身に付けることが必要なだけであって、読者の皆様の工夫次第で大きな可能性を引き出せるものだと思います。本書が皆様の教育活動の一助となれば幸いです。

横浜国立大学教育学部附属横浜中学校　副校長　田中和也

横浜国立大学教育学部附属横浜中学校

中嶋　俊夫（前校長）

松原　雅俊（校長）

北川　公一（前副校長）

田中　和也（副校長）

土谷　　満（前主幹教諭　社会科）

和田　真紀（主幹教諭　保健体育科）

福井　雅洋（教諭　国語科）

橋本　香菜（教諭　国語科）

土持　知也（教諭　国語科）

柳屋　　亮（教諭　国語科）

田川　雄三（教諭　社会科）

山本　将弘（教諭　社会科）

関野　　真（教諭　数学科）

池田　　純（教諭　数学科）

吉田　大助（教諭　数学科）

高木　　紀（教諭　数学科）

神谷　紘祥（教諭　理科）

中畑　伸浩（教諭　理科）

佐塚　繭子（教諭　音楽科）

元山　愛梨（教諭　美術科）

中山　淳一朗（教諭　保健体育科）

三枝　菜々（教諭　保健体育科）

佐々木　恵太（教諭　技術・家庭科　技術分野）

池岡　有紀（教諭　技術・家庭科　家庭分野）

武田　美樹（教諭　英語科）

小野澤　士龍（教諭　英語科）

高野　由布子（教諭　英語科）

山本　早紀（教諭　英語科）

倉成　朗人（教諭　英語科）

田口　さやか（養護教諭）

＜2018～2020年度在籍職員＞

GIGAスクールを実現する
資質・能力の育成を支えるこれからのICT活用事例集

2021年12月15日　初版第 1 刷発行

編著者　　横浜国立大学教育学部附属横浜中学校 ©
発行人　　花岡萬之
発行所　　学事出版株式会社
　　　　　　〒101-0021　東京都千代田区外神田2-2-3
　　　　　　電話　03-3255-5471
　　　　　　HPアドレス　https://www.gakuji.co.jp
編集担当　花岡萬之
装　　丁　精文堂印刷デザイン室
印刷・製本　精文堂印刷株式会社